日本居住福祉学会

居住福祉ブックレット

18

「居住福祉資源」の経済学

神野武美

Jinno, Takeyoshi

JN296202

東信堂

目　次／「居住福祉資源」の経済学

「居住福祉資源」の経済学

一、はじめに

日本居住福祉学会は、「安心できる『居住』は生存・生活・福祉の基礎であり、基本的人権です。私たちの住む住居、居住地、地域、都市、農山漁村、国土など居住環境そのものが、人々の安全で安心して生き、暮らす基盤に他な」[1]らないという問題意識のもとに二〇〇一年に設立された。〇七年度からは、「居住福祉社会」実現に向けての、各地の市民、NPO、自治体、企業の行動に対し「居住福祉資源認定証」を贈ることにし、〇九年度までの三カ年に一二団体を認定している[2]（**写真1**）。いずれも「人権としての居住」は単に「住居」があるだけではなく、人と人とが支え合う関係があってこそ成り立つことを証明したものである。

早川和男・同学会長はこう述べる。「私たちが住むまちや村には『福祉』とは一見無関係と思われがちでも、暮らしを支え、健康や福祉の基礎となり、子どもが育ち、生き甲斐を育み、地域社会で『安心して生きるための装置』としての役割を果たしている施設、慣習、文化、自然などがたくさんある。医療や福祉サービスは一種の消費だが、これらの『居住福祉資源』は次の世代にひきつがれ、その存在自体が暮らしを支えていく。まちや地域を、諸々の先入観を捨てて居住福祉の視点から見直し、保全・再生・創造していくことがいま必要になっている」[3]。

写真1　「居住福祉資源認定証」を受けた名古屋・南医療生協のグループホームなも」のお年寄りたち

が、「居住福祉資源」への考察はまだ仮説の段階である。「居住福祉資源」というコンセプトは今後の政策立案にどう生かされるのか、これらの「資源」が経済社会全体の中でどのような位置を占めるのかなどの研究を深めるのはこれからである。ただ、筆者は三〇年を超す記者経験から、「居住福祉資源」は、グローバル化と「金融危機」の中で混迷を極める経済社会を「改良」する「道具」程度のものではなく、「拡大再生産（経済成長）」「資本の増殖」を基調とする市場システム万能の考え方、さらに、社会主義を含む「近代産業社会」を前提とする社会思想を大きく転換させる「哲学・思想」に高められると考えている。

研究における四つの構想

というのは、「居住福祉資源」は、住居学や公衆衛生学、環境学、都市計画学、経済学、社会学、法学など多様な分野からのケーススタディーとして、総合的かつ具体的な検討が可能であること。学者や専門家の研究対象としてだけではなく、市民が生活実感をもとにその機能や成り立ちを論議し、市民自身が主体的に具体的な計画や社会投資のプロジェクトにかかわることを可能にするのがミソである。そのためには、まず「居住福祉資源」とはいったい何なのかを深める必要がある。本書はそういう構想のもとに筆者の考え方をまとめたものである。その内容は以下の四項目に要約できる。

①現代日本の資本主義は、「ムダの制度化」によりスクラップ・アンド・ビルド的な有効需要に

支えられてきたが、そうした形の経済成長はもはや限界に達しており、「居住福祉資源」を蓄積する経済社会に転換する必要がある。

②今の経済発展のやり方は、労働生産性の向上を目指す「労働手段の改良（手の延長としての）」に偏り過ぎた結果、人間を生産手段や生活手段から排除する（失業や住居からの追い出し）」ように作用している。地域社会が長い時間をかけて蓄積してきた水田や人工林といった「労働対象の改良（大地の延長としての）」、人間の技能や知恵といった「労働主体の改良（労働力能の延長としての）」を重視する必要がある。

③人と人との関係も、個人が社会に存在する「富」を分割し個々人が独占する「所有関係」から、直接的なつながりを重視する「了解関係」に眼を向けるべきであり、そのためには「所得」と「労働」とをある程度分離していく必要がある。

④「居住福祉資源」の蓄積は、住宅や医療、教育、そして老齢・障害年金などの生活基盤を保障する制度を充実させることが前提となる。それを基盤にして構築される「居住福祉資源」がさらに社会全体を活性化させる、という好循環を生むと考えられる。

本書では、森嶋通夫、J・A・シュムペーター、都留重人、大塚久雄、アマルティア・セン、中村尚司、内橋克人などの経済学者、経済ジャーナリスト各氏の研究成果に言及し、「正義論」

で知られるJ・ロールズの哲学や、政策論としての政治学者松下圭一の「シビル・ミニマム論」、さらに歴史的考察として、南方熊楠、宮本常一などの民俗学、農村や都市の歴史に触れることで、「居住福祉資源」を研究する出発点としたい[4]。なお本書は神野本人の個人的な研究活動によるものであり、記者としての経験を生かしつつも、朝日新聞の記事内容とは基本的に関係はありません。

注

1　日本居住福祉学会「入会のしおり」など参照。

2　〇七年度四件、〇八年度四件は「入会のしおり」および日本居住福祉学会編『居住福祉研究6』(東信堂、二〇〇八年)、三八頁、同『居住福祉研究7』(二〇〇九年)、九頁参照。

3　早川和男『居住福祉資源発見の旅Ⅱ』(東信堂、居住福祉ブックレット15、二〇〇八年)「はじめに」、ⅱ頁。

4　上記の諸氏をはじめ、本書で引用・参照させていただいた方々の敬称はすべて略させていただいた。

二、経済発展の曲がり角

1 「減築」の時代

資本主義社会では、生産・流通・金融などの中で生まれた所得の一部は「資産」として個人に蓄積される。それは、投資信託や株式、債券、預金などの金融資産であり、土地、住宅などの不動産などである。これらは、売却して現金化が可能である。戦後の日本では、市民の多くが、金融資産を蓄積することや、あるいは多額の借金をして住宅を購入することで、それらを老後の生活を安定させるための「資産」にする生活様式が主流とされてきた。政府の政策も、「持ち家」という個人の「資産」を増やすことに集中し、大都市圏を中心に都市開発や都市再開発を進めてきた。高度成長時代は多くの国民の所得が増大し、「資産の増大が国民の幸せ」という感覚が定着したことは間違いない。日本人の間に、若いときは競争原理の中で一生懸命働いて所得を増やして資産を形成し、それを自己責任で運用し、働けなくなる老後に備えよ、という人生観か形成されてきたのである。「老後の安心をお金で買う」とも言える有料老人ホームは、株式のように他人に権利を売るような運用はできないが、人生最後の資産選択という位置づけになるのだろう。

しかし、こうした方向性はすでに曲がり角に来ている。例えば、建築学者の住田昌二は今日を「住宅減築時代」と名付けている[1]。人口減少期に入り、経済的にも成熟期に入った日本は、住宅の大量供給といったマスハウジングの基盤は無くなり、地価上昇を前提にした資本調達(信用膨張)はバブル崩壊を期に難しくなったというのである。

居住のゼロサムゲーム

それでもなお、首都圏への人口集中が進み、都心部を中心にマンション需要が増大し、郊外の住宅は高齢者にとって不便という理由から、都心回帰現象も進んでいる。住宅市場の動きは一時ほど活発ではないが、今も継続しているようにも見える。しかし、その裏には、「地方の衰退」や「取り残された郊外」といった現象が進行する。新規の都市開発や都市再開発による住居や事務所が供給される一方で、古い住宅やビルは空き家化し、大都市内にも老朽化したアパートやビルが蓄積した「沈滞した地域」ができてくる（写真2）。自治体の住宅供給公社や独立行政法人都市再生機構といった公的機関や、外国の投資ファンドが絡んだ「地上げ屋」が行う「再開発」では、住民が住み慣れた住居を追い出される、といった「ゼロサムゲーム」的な要素を含んでいる。さらには、住宅寿命がきわめて短い「スクラップ・アンド・ビルド」的な建築習慣や、「核家族」中心の世帯構成から単身者や高齢夫妻、シングルマザーといった世帯構成の細分化も大いに関係する[2]。

写真2　取り壊しに向かう文化住宅

寿命の短い日本の住宅

日本は、全体的に住宅建築の寿命が短い。日本も欧州も本来は、住宅を補修やリノベーションを繰り返しながら何世代にもわたって使ってきた。奈良や京都の街中、近畿地方の農村部などに行けば、一〇〇年以上も住み続けられている住宅が至るところにある。こうしたストックを長期間使うことこそが本来合理的な「資産運用」のはずである。が、近年の日本はスクラップ・アンド・ビルド志向が強まり、こうした考え方は少数派になっている。住田は住宅センサスを使い、一九七三年から二〇〇三年の三〇年間の住宅着工戸数と滅失数を比較する計算をし、年平均で一三八万戸建てながら、半分近い六二万戸を失う、という平均残存率五五％の結果を得て、「ハウジングシステムがフロー中心につくられていて、ストックのマネージメントに真剣に取り組んでこなかったこと、金融税制システムが土地本位制の上につくられていて、住宅の資産形成に無関心であったこと、それらが住まい手に住宅の『使いきり』意識を植えつけてしまったこと、それらが相乗的に働いた結果であろう」[3]と分析している。一方、「世帯の細分化」は、家族が支え合うことの困難さを増すことで、社会保障の面から大きな社会的負担を伴う問題性を抱えている。このように、「居住」をめぐる最近の動きは、市民の「幸福度の上昇」とは結びつかない傾向を強めている。

2　ムダの制度化

最近のこうした「居住」をめぐる経済社会的な動きを先学の理論を手がかりに考察してみたい。森嶋通夫[4]は『思想としての近代経済学』で、シュムペーターの理論[5]を参考に、「資本蓄積が進行し、経済発展がなし遂げられるにつれ、投資機会の多くは実現済みのものとなり、少ししか投資機会が残されていなくなる。その結果、技術発展が急速に進行する例外的な時代を除いては、一般に投資需要は、余剰生産物より遥かに小さくなる。『供給はそれ自身に対する需要（投資）をつくる』という意味のセイの法則は満たされなくなる。（中略）このような時代の転換を自覚してケインズが登場し、経済の基幹部をセイの法則――価格機構――から反セイの法則――有効需要の原理――に取り換えることによって、セイの法則時代の幕は閉じられたのである」[6]と述べ、「市場万能主義」的な傾向のある新古典派経済学などを時代遅れと見ている。つまり、経済が「豊かに」なると、「買いたいモノが無くなり、つまり売れるモノが無くなる」ので、金融資産（貯蓄や株式投資、保険、年金など）を大量に保有していても、使い道（投資先）はあまり無い、という意味である。近年の日本の利子率の低さもそれを証明したものと言えるだろう。

GDPの福祉的意義を疑う

では、「反セイの法則時代」とは何を示すのだろうか。森嶋は、第一次世界大戦後の世界がすでに該当するという。「完全雇用はもはや実現せず、失業――しかも大量失業――が常態になった。このような状況の下では、強力な政府が出現して政治的に投資を創造する以外に失業を減らす方法はなかった。最も手っ取り早い方法は、軍備を拡張して、もし可能なら小規模の戦争を起こすことである」「プロテスタンティズムの禁欲の精神が資本主義を興隆させるというウェーバー説が正しいのも、セイの法則時代だけであって、反セイの法則時代には、ケインズが主張したように、節約や禁欲は、経済に悪影響を与えるという意味で悪徳である」[7]と述べている。

都留重人は、こうした時代に「生産」されたモノやサービスの本質を疑い、こうした現象を「ムダの制度化」と名付けた。それらの財・サービス生産を合計する国民所得（GNP、今は一般にGDPと表現）という概念の福祉的意義に疑問を投げかけたのである。例えば、治安が悪化したときに本来無くてもよい警報装置を付ければ消費支出として国民所得を押し上げるという「経費的消費の増大」や、「一月でダメになるものを消費者に買わせるようなことを続けていけば、効用においては何の違いもないのに、フローとしてのGNPは増大し、そして有限の地下資源の減耗を早める結果となるであろう」[8]という指摘である。故郷に雇用の場が無くなったが故に、緑豊かな田舎を離れて、殺伐とした大都市に流入し、高価格の住宅を買って住む。土地の値段が高いから「欠陥」も心配される安造りのマンションや建売住宅で我慢し、築二、三〇年後には建て替えを考える、といった現代の暮らし方もそうした「現象」に該当するのではなかろうか。

新しい「有効需要」の限界

「消費は美徳」の風潮を鼓舞し、「消費」拡大に期待する「ムダの制度化」は戦後の経済発展を支えてきたことには違いない。が、それは限界に近づきつつある。経済のグローバル化で新興国との競争にさらされる結果、地方の経済を支えてきた工場が中国など海外に生産拠点を移し、地域経済の空洞化が進む。政府はそれを打開しようと、景気対策として公共事業を推進したが、その結果は国・地方自治体を問わない膨大な財政赤字の累積となり、政府は、地方交付税の削減などで地方の財源を急速に萎《しぼ》ませざるを得なくなったからだ。財政難の自治体は、新たな土木事業が起こせなくなり、地方では人口減少や産業の衰退が進み、公共事業で整備した道路や学校、港湾などの社会資本が活用されず、結果として税収も見込めない。成熟した工業国では、前にも述べたように、物量拡大的な投資の効果は次第に薄れていかざるを得ないからだ。近代経済学の理論で言うところの「限界効用逓減の法則」[9]である。

にもかかわらず、大都市部では不動産投資や再開発事業が活発である。経済の牽引車は「(赤字に苦しむ）官から（金融商品を売ることで投資資金をかき集めた）民へ」、いわゆる「民間活力の導入」である。住宅や農地などの地方の資源を放棄して、大都市部に資本・労働力などの資源を集中させ、見方によっては、壮大なムダを築くことによって「新しい有効需要」を生み出す。そんな高度成長期の発展パターンから抜け出せないのである。それは富裕層など一部の市民を潤わせ、全体としての格差を拡大する「ゼロサムゲーム」に向かわざるを得ない。「ＩＴ化」と連動し、「金融工学」なるものを駆使することで「新たな投資先」を見いだしたとして、一種の投資ブームを演出したのが、「新自由主義」とも呼ばれる市場万能主義の新古典派経済学である。その論理を要約すれば、「投資が盛んになれば景気が回復し、投資の結果で利益を得た人たちがモノを買えば、やがて貧しい人たちの仕事も増えて、完全雇用が実現する」、いわゆる「トリクルダウン」説である。それは、富める者中心の「水ぶくれした豊かさ」に幸福を求め、資源の浪費と格差の拡大を当然視することで成り立つ。が、その矛盾は、米国の「サブプライムローン破綻」を端緒にした「金融危機」で噴出することになった。

３　「合理的馬鹿」と人間の安全保障

インド人でノーベル経済学賞受賞者のアマルティア・センは、そんな経済の方向性を容認する現代の経済学に異を唱える。「経済分析における有力な伝統は、ひとの私益とその実現の程度を単純な尺度で測定してこと足れりとし、多様性を生むさまざまな差異を避けて通ろうとするものであった。そのような尺度はしばしば『効用』と呼ばれている」と批判し、「現代経済理論は人間を『合理的馬鹿』として、すなわち、自らの幸福、自らの欲望、自らの厚生に関する自己の見解、動機、選択行動における自分の最大化対象など、本来なら完全に区別できるはずのものを識別する能力を欠いた存在として取り扱う傾向がある」[10]と指摘する。

「潜在能力」と生き方の質

センは福祉への新しいアプローチとして、人間の生命活動を組み合わせて価値あるものにする機会の自由さを尊重する「潜在能力」概念を打ち出した人物として知られる。その本質は「ひとの生き方の質」を問い、生活を脅かすさまざまな不安を減らし、可能ならばそれらを排除することを目的とする「人間の安全保障」を重視する[11]。

例えば、政府の景気対策は、「公正な成長」（つまり景気回復によって人々の生活を安定させるという方向性）に集中するのではなく、「人間の安全保障を伴う景気後退」「安全な下降」に真剣に目を向けようと主張する。そのための備えとして、失業保険や生活保護といった経済的なセーフティネットの準備、基礎教育、医療による保障を重視するとともに、「弱者や被害者になりやすい人々の政治参加も特別の意味を持っています。なぜならば、それらの人々が発言力を持つことは真に大切なことだからです」と述べている。

さらに、「（ベンサムのように）効用に注目するのではなく、人間としてふさわしい条件としての自由の重要性に注意を傾けることから始めれば、私たちは自らの権利と自由をたたえるだけでなく、他の人々の重要な自由に関心を向けることにも、行動を起こす理由を見いだせるようになります。それは、（功利主義で言われるような）快楽と欲望の充足のためだけではありません」[12]と、個人の利益追求のみを正当化しない、他人を慮《おもんばか》る心に基づく社会像を描く。だんだん「居住福祉資源」の立つ位置が見えてくるようである。

注

1 住田昌二（大阪市立大学名誉教授）『二一世紀のハウジング』（ドメス出版、二〇〇七年）、一一頁。

2 同上、七〇頁。

3 同上、三六～三八頁。

4 森嶋通夫（一九二三～二〇〇四年）。大阪大学教授やロンドン大学教授などを歴任。

5 J・A・シュムペーター著、塩野谷・中山・東畑訳『経済発展の理論』（岩波文庫、一九七七年）など。

6　森嶋『思想としての近代経済学』(岩波新書、一九九四年)、二四〇頁。

7　同上、一五二、一五三頁。

8　都留重人『公害の政治経済学』(岩波書店、一九七二年)、一〇八〜一一六頁。

9　ある財の消費量を一単位増加させたときに伴って増加する「効用」の大きさを示す限界効用は、消費量の増加に従い、次第に低下するというもの。

10　A・セン著、鈴村興太郎訳『福祉の経済学』(岩波書店、一九八八年)、一二〜一四頁。

11　セン、東郷えりか訳『人間の安全保障』(集英社新書、二〇〇六年)、三九頁、同、大石りら訳『貧困の克服』(同、二〇〇二年)、一三九頁など参照。

12　セン『人間の安全保障』、一四六頁。

三、居住福祉資源の哲学

1　定義と思考様式

昨今の金融危機で、世界を支配してきたグローバリズムや、市場システム万能という経済学の考え方の破綻が明らかになった。そうした経済学の信奉者たちは、不景気になると「景気回復策」ばかりを進言する。それに対し、センの問題提起は、人々の暮らしは、あくまで身の回りの「居住空間」で成り立ち、それらをどう充実させるのかを再認識し、景気不景気の変動を繰り返す世界経済の動向にあまり左右されない「安全と安心の拡大」に目を向ける。「居住福祉研究」も、世界経済の変動が人々の生活に直撃する状況の中で、人間の生存を守る「器」はどうあるべきなのかを主要なテーマにしなければならない。すなわち、人と人とを競わせ、戦わせる「競争」が人類の進歩や幸福につながるという「誤解」に代わる、人々の暮らしを安定、向上させるシクミとしての「居住福祉資源」である。

「居住福祉資源」学は、まさに市場経済の中に埋没しがちな「人と人との関係」のあり方を「発見」「発掘(再発見)」するのが仕事となる。では、「居住福祉資源」とは、どう定義づけられるであろうか。仮に、日本居住福祉学会が「居住福祉資源認定証」の対象に選んだケースから本質的なものとして抽象化、定義してみると、以下のようになる。

i　市民自身が担う公共的領域に属する
ii　市民が主体的に知恵を出して作り上げたり守り育ててきたりしたもの
iii　歴史的に蓄積されたり新しく構築されたりしたストック
iv　事業の収益性よりも地域社会の生活全体を向上させる、公益重視の性格

——以上にかかわる物質や制度である。

だが、それは、単なる旧来の農村社会的なコミュニティの復権ではない。日本の現代社会においては、むしろ、米国の民主主義の影響を少なからず受けた日本国憲法と、戦後の経済成長が、政治的にも成熟した「市民層」を育ててきた成果と蓄積を最大限生かすべきであり、市場経済のすべてを否定するわけではない。

人権を大切にするまちづくり

例えば、二〇〇七年度に「居住福祉資源認定証」を贈られた北海道伊達市の障がい者の人権を大切にするまちづくりや、東京・巣鴨の高齢者のニーズを的確に捉えた商店街づくりは、まさに外に開かれた地域づくりであり、非市場的なものと市場的なものをうまく組み合わせることによって成り立つ。同じく、NPOサポーティブハウス連絡協議会は、大阪・あいりん地区で、野宿を強いられてきた労働者に住所をつくり、生活保護を受けられるよう、簡易宿泊所を賃貸アパート化した業者の団体であるが、労働者に住まいを提供するだけでなく、健康管理や配食などの生活サポートとともに、労働者たちを地域の清掃や劇団活動などのボランティア活動に誘導し社会参加を促進させている。それは、社会のために生きる「企業市民」の実践の一つである。

「居住福祉資源」という「思考様式」を今一度、整理してみよう。まず、経済学は、経済主体を「合理的な個人」とし、金銭利得の最大化をきちんと計算し、それを実行する人を前提にしてきたが[1]、全面的な見直しが必要になる。「合理的な馬鹿」が求める「効用」の最大化を目指す功利主義的思想をバックに、企業経営的な効率性という短期的な価値判断を優先してきた経済学は、結局のところ、人と人との生活格差を拡大させただけでなく、人類が歴史的に蓄積してきたストックを破壊し、競争（その究極としての戦争もそうだが）にさらすことで、収益性とは結びつかない文化・芸術などの創造の芽も摘み取ってきたからだ。ありていに言えば、「市場で売れるモノは善であり、売れないモノは価値がない」という貧困な発想では文化的な暮らしは危機に陥るということである。

それに対し、「居住福祉資源」にかかわる経済主体（人）は、地域社会全体の幸福向上を願っての行動をする。旧来から、そうした行動をする市民や企業も少なくなかった。それは、センが述べた人間像[2]と重なり、「金銭取得の最大化」に走らない、市場的な関係とは異なる人と人の関係を重視する。「居住福祉資源」研究の先には、経済学など「功利主義的な人間像」を前提としてきた既存の学問の体系全体の再構築という課題が展望できる。

2　J・ロールズの「格差原理」

法哲学の分野にも学問体系再構築の動きがある。民法学者、吉田邦彦・北海道大学大学院教授は、著書『居住福祉法学の構想』で、従来の民法学が、「住宅」の分野では借地借家法に議論を集中させていたことを「一面的」とし、区分所有法の対象となる「マンションの問題がかつてとは比較にならないくらいに重要になっているし、居住をもっとトータルに捉える必要がある」と指摘する。背景をなす問題として、「社会問題における公私の分担のあり方」を居住において見つめ直す必要性を訴えている。なかでも「公」の領域が公園・道路・公衆便所など狭い範囲に押し込められ、一般市民(私人)の居住の問題が「私」の問題にされてしまうことを問題視する。そして米国の哲学者ジョン・ロールズ(一九二一〜二〇〇二)の「正義論の格差原理」が参考になるとする。

「『無知のヴェール』に包まれた『原初状態』におかれたという思考実験を通じて――つまり、各人がどんな境遇におかれるかもしれない。例えば、震災に遭遇するかもしれず、また、ホームレスになるかもしれず、さらには、障害者であるかもしれないと仮定して――どのような公共的社会的政策決定が合理的か、を考察したもので、ロールズの正義論の第二原理であるが、そこでは、『最低の境遇におかれたものの利益が最大化されるように処遇する』とされている(ちなみに第一原理は、各人の自由で平等な権利の尊重である)。そして、この格差原理といわれている第二原理を居住問題に応用すれば、ナショナルミニマム的な居住の確保が正義論の要請として求められることになり、そのような施策を展開するのが行政の役割ということになる」[3]。

日本的「原初状態」

吉田は「大きな政府」を志向し、市場原理主義的な規制緩和論に反対する自身のスタンスを「むしろ従来の平等主義的な日本型政治の伝統の意義の再考を促すもの」と位置づけている。戦後、進駐してきたアメリカの影響で日本の地方自治が進歩し、教育の民主化が進んだことで、旧い家族制度(これも、明治以降に権力者が押しつけた面もある)が崩れ、農村社会や政治の民主化も進んだ。ボスなど有力者の支配力が低下し、市民が、真っ白な広い心で政治を考える、ロールズ風に言えば、日本的な「原初状態」の条件が整い始めたとも言える。吉田は、行政の役割について、「格差原理といわれている第二原理を居住問題に応用すれば、ナショナルミニマム的な居住の確保が正義論の要請として求められる」と言う。ナショナルミニマムは、英国のベバリッジ報告(一九四二年)に登場する「最低限度の生活を国家的に保障する」という社会保障に重点を置いた考え方である。「居住福祉」とは、「安心して住み続ける」ことを福祉の基礎に置き、住宅など居住環境を整えることを重視する考え方である。

「結果の平等」と「機会の平等」

それに対する反論が、『居住福祉研究6』にある。公的援助法実現ネットワーク被災者センターの村山正晃は、「阪神・淡路大震災の経験からみた社会権と居住福祉国家論」という論文で、「ロールズは、平等な自由原理と格差原理や機会均等原理が対立した時は自由原理が優先し、格差原理と機会の平等論が対立した時には機会の平等原理が優先されなければならないとするが、その理論的根拠は弱い。彼の理論は一種の妥協の理論といってもよい」とし、彼の理論を自然災害の被災地に適用してその効果が期待できるのか、という疑問を投げかける。阪神・淡路大震災の被災者支援においても「自助」「共助」が強調されてきたことを指摘し、「公務員による被災者支援にはロールズのような『無知のヴェール』の意識は全くない」「ロールズと共通の認識にたつものはごく一部の人間だけである」「『結果の不平等』が前もってわかるような『機会の平等』は意味のないものである。アメリカ的な『機会の平等論』には問題が多い」と断じる。そして「憲法によって小さな人間はリヴァイアサン（「国家という怪物」という意味と思われる）に勝つことができる」と「憲法」の重要性を強調し、「居住権」を生存権の一つとして憲法に規定する「居住福祉国家」を志向すべきだという論議である[4]。

3　福祉国家型資本主義への批判

だが、ロールズは、「結果の不平等」を容認しているわけではない。その著作『公正としての正義・再説』[5]で、「結果の平等」に至るプロセスとして「良心の自由」や政治的権利の平等など「第一原理」の先行性、優位性を強調し、福祉国家論とその背景にある功利主義的「効用原理」を批判する目的でこうした論理展開をしていると考えられる。福祉国家型資本主義を「小さな階層が生産手段をほぼ独占するのを許容」しているとし、「背景的正義が欠けており、所得や富における不平等があると、その構成員の多くが慢性的に福祉に依存するような、挫折し意気消沈した下層階級が育つかもしれない。この下層階級は、放ったらかしにされていると感じ、公共的政治文化に参加しない」[6]と見る。

公正な社会的協働システム

ロールズが提唱するのは、「富と資本所有を分散させ、そうすることで、社会の小さな部分が経済を支配したり、また間接的に政治までも支配してしまうのを防ぐように働く」という「財産私有型民主制」(「財産所有の民主制」という訳もある)である。「機会の公正な平等」を背景に、「ただたんに不測の事態や不運のために敗北した人々を手助けすることではなく（手助けしなければならないのではあるが）、むしろ、適正な程度の社会的・経済的平等を足場にして自分自身のことは自分で何とかできる立場にすべての市民をおく」[7]ことを理想とし、「政治的支配につながりがちな経済力の集中」に反対する。それは、自由で平等な者とみなされた市民の間の長期にわたる「公正な社会的協働システム」であり、全員に対し家族の所得にかかわらず教育の平等な機会を保障しなければならない。「社会的ミニマム」も、資本主義的福祉国家が要求するような人間に不可欠な基本的なニーズをカバーするだけでなく、政治社会の完全な構成員としての市民にふさわしい互恵性の観念から引き出されるものとして、もっと多くのものをカバーするというわけである[8]。

文化の多元性に注目

ロールズは、「穏当な多元性」こそが、民主的な政治社会、世代から次の世代へと長期にわたる協働の公正なシステムにとって重要であると言う[9]。外国の多様な文化や思想を受け入れてきた日本の歴史や生活文化には「ロールズの正義」と共鳴し合う「多元性」がある。日本における「居住福祉資源」は、伝統的な生活文化の価値を生かしつつ、それらを近現代の民主主義のもとで守り育ててきたものだからである。

ロールズは、アメリカ的な伝統から、市民個人をバラバラにしたアトミスティック（原子論的）

に「自由」な個人を起点に論理を組み立てており、村山が指摘するように、普遍性を欠いているのかもしれない。これに対し、早川の「居住福祉論」は「安心して住み続けられる」という「居住」を原点に考察している。それは、ただ生存権的な最低限度の生活が与えられればよい、という単なる「福祉国家論」ではなく、市民自らが創造し、あるいは先祖たちが残していった資源を主体的に活用していく「市民像」を前提にする。

「福祉国家」への批判は、「大きな政府」が強大な官僚機構を産みだす、福祉的給付に頼る国家への依存性ばかりが高い民衆が増える、といったものであるが、それを克服するには、公共的分野を民主的にコントロールできる市民の存在が不可欠である。だが、これまでは「肥大化した福祉国家」という批判に十分な反論がなされず、「小さな政府」や規制緩和、「市場競争システムに任せるべき」といった市場原理主義的な議論が全盛を極め、福祉的、公共的な分野は企業の論理に押しまくられてきたわけである。早川和男の「居住福祉資源」論は、主体的に地域社会の政治や福祉向上にかかわる「自立した市民」に注目するという意味で「ロールズの正義」と共通するものである。それは、ロールズの「後継者」とも見られているセン[10]が「弱者や被害者になりやすい人々の政治参加も特別の意味を持つ」[11]と言う意味にも通じている。

「経済成長」を前提にするな

が、「福祉」の重視は、経済の活力を低下させるという議論がつきまとう。市場原理主義に批判的な森嶋通夫でさえこう述べる。「もし福祉部門が過大となれば、『資本主義』部門はそれを支えることができず、福祉部門は縮小しなければならない。そしても し縮小しすぎると、人々の『資本主義』部門に対する批判は高まり、資本主義の保全のためにも、その部門は福祉の拡大、増進を認めざるを得なくなる」[12]と、資本主義と福祉のバランス論を展開する。が、二部門は単に「対立」するものなのかは疑問である。例えば、「環境重視」「経済発展」は対立軸のように捉えられたことがあるが、ドイツは環境に重点を置くことで新しい経済循環システムを構築しようとしている。スウェーデンなどは、「高福祉高負担」と言われながら堅実な経済発展を遂げているなどの実例があるからである。

むしろ「資本主義」部門が産み出す「モノ」の中身が重要である。「資本主義」では、物的消費が重視され、商品の大量生産が「経済成長」の主流として位置づけられている。が、「居住福祉」はそれを前提にはしない。過去の遺産・蓄積も活かして生活全般の安定を目指すものであり、「居住福祉資源」が中核にある。

4　シビル・ミニマム論の限界

「福祉」対「資本主義」の問題への答えの一つに、松下圭一[13]が提唱する「シビル・ミニマム論」がある。松下は、シビル・ミニマムを「都市問題の激化を背景に、社会資本の充実、公害の防止をふくめてひろく国民生活構造全体の改革を展望にもつ都市政策の市民的公準」[14]として設定。それは都市ないし工業社会における市民の生存権や環境権を含んだ「生活権」であり、都市生活の市民的ルールとして保障されるべき権利としている。さらに「市民の実践理性――市民の理性である。市民理性とは〈都市〉における市民の生活規範であり、政策公準である」と位置づけ、「明治以来の官僚機構による国家理性、国家理性の推進力になっている企業理性」に対置している[15]。

シビル・ミニマムの実現は「市民運動の基本課題」であり、その推進主体をさしあたって「都市」の「自治体」に置く。こうした行政を推進する福祉国家は「国家の作業量の増大」を伴うが、松下は、マルクス流の「必要（必然）の王国」「自由の王国」という概念を使い、「巨大政府ないし官僚機構をともなう行政システムは、あくまでシビル・ミニマムないしナショナルミニマムの保障という『必要の王国』の管理にとどめるべきである。シビル・ミニマムをこえる生活要求はルールが確保されるかぎり、『自由の王国』にゆだねるべきである」[16]と述べている。

ムラ社会はファシズムの基盤か

が、シビル・ミニマム論の政策転換の主な現場を「都市」と「自治体（地方公共団体）」に置いたこと、さらに公共分野の役割を「最低限度の生活」という市場原理を前提とした「セーフティーネット」的な範囲にとどめていることはその限界を示している。松下は、戦後民主主義による「近代化」、つまり「都市」における「工業の拡大」を重視し、工業が余暇と教養を労働階級にもたらして「市民的自発性」を育てる条件と見ているのである。

一方、農村社会を「ムラ社会」と表現し、「底辺のムラ政治が今日までの明治的官権主義を前提とする集権的成長政策の基盤だった」[17]とみなし、日本ファシズムの原因とも捉える。西洋の「石やレンガの建築は富の蓄積となり都市の永続性という思想が成立しうる」が、木造の住宅や建造物が多いという日本の「植物性文化」では「富の蓄積は無理」であり、「都市的生活様式の自立性という理念」の未熟さにつながると断じ、土地所有に拘泥する「農村的生活様式」が浸透した結果としての無秩序な都市スプロールにつながった[18]、とするなど、日本の伝統的な社会への評価は驚くほど低い。日本の伝統的社会は「ムラ社会」という概念でくくられ、ボスやヤクザがはびこる封建的、閉鎖的なイメージで語られ、克服すべきものとされている。

日本の「暗部」と近代化

しかし、「植物性文化」における富の蓄積は、木造建築物などの単なる「物（建物）」ではない。伊勢神宮内宮の式年遷宮[19]に見られる建築技術に象徴される「人間の力や知恵」というソフトの蓄積であり、けっして非合理的なものではない。ムラ社会では、その担い手である農家の人たちが、道路の草取りから水路の維持、冠婚葬祭のお手伝いなど地域社会の安定や持続性に貢献してきた。ボスやヤクザといった「暗部」はむしろ、工業化や近代化を推進してきた国家や大資本といった外部権力と結びついて地域社会を支配してきた。

「市民参加」の場を「自治体」に置くだけで良いのか、という疑問も沸く。松下は「市民運動が都市科学を育成する。すでに市民運動ないし市民参加システムには多様な既成知識人が参加しはじめているだけでなく、市民運動さらに自治体の内部から新しい政策知識人がそだちつつある」[20]と述べるが、それは、社会的弱者の政治参加の必要性を強調するセンの議論とは明らかに違う。「市民参加」はすでにさまざまな形で多くの自治体で取り入れられているが、「参加」するのは、役所や、公教育の現場である学校に足を運ぶ余裕のある市民、「利害」関係を持つ市民に限られているのが現実である。例えば、東京都内の学校教育では、時間的な余裕のある「強者の市民」の主導で、「競争原理」や「受験教育」のシステムが公教育に取り入れられつつある。むしろ逆に、こうした「市民の公共的な生活」をふつうの市民の日常的な生活や生産活動にどう結びつけるかを考えるべきだろう。

「強者の市民」が主導する自治

政府肥大化への対処として、自治体など政府機関の役割を「必要の王国」にとどめるとするが、「自由の王国」との境界線をどこに引くのかという「公準」の定め方にも問題がある。それを市民参加で定めるとしても、「強者の市民」が主導すれば、「競争の敗北者」に対するきわめて屈辱的な制度をシビル・ミニマムとする可能性が大きい。

「国家による受益意識の培養」が「市民的自発性の融解」につながることを警戒する点は松下とロールズは共通する。しかし、ロールズは、資本主義的福祉国家について「人間に不可欠な基本的なニーズをカバーするだけ」で「政治的支配につながりがちな経済力の集中」を残したままの事後的な再分配にとどまると見て反対する。そして、「財産私有型民主制（財産所有の民主制）」つまり「適正な程度の社会的・経済的平等を足場にして自分自身のことは自分で何とかできる立場にすべての市民をおく」[21]ことを提唱する。つまり、日常の生産や生活の場での平等をどう実現するのかに焦点を当て、「公共的分野を民主的にコントロールできる市民が存在する」「政治社会の完全な構成員としての市民にふさわしい互恵性の観念から引き出されるもの」を理念とするのである。

注

1 松島斉（東京大学経済学部教授）「経友」（二〇〇七年、東京大学経友会発行）、四頁。
2 本書、二、3を参照。
3 吉田邦彦『居住福祉法学の構想』（東信堂、居住福祉ブックレット8、二〇〇六年）、一〇頁。
4 日本居住福祉学会編『居住福祉研究6』（二〇〇八年）、七九～八三頁
5 J・ロールズ著、田中成明・亀本洋・平井亮輔訳『公正としての正義・再説』（岩波書店、二〇〇四年）。
6 同上、二四九頁。
7 同上、二四八頁。
8 同上、二二八～二二九頁。
9 同上、七頁。
10 後藤玲子『正義の経済哲学―ロールズとセン』（東洋経済、二〇〇二年）など参照。
11 本書、二、3参照。
12 森嶋通夫『思想としての近代経済学』（岩波書店、一九九四年）、二四二頁。
13 法政大学名誉教授。
14 松下圭一『都市政策を考える』（岩波新書、一九七一年）、一一二頁。
15 同上、一二一頁。
16 同上、二一六頁。

17　松下圭一『現代都市政策Ⅴ　シビル・ミニマム』(岩波書店、一九七三年)、二七頁。
18　松下圭一『シビル・ミニマムの思想』(東京大学出版会、一九七一年)、一八九頁。
19　二〇年に一度、新しい社殿を建て替えるが、そこで出る古材は他の神社の建築に利用されるなど、後々の時代にまで有効活用される。
20　松下『現代都市政策Ⅴ』、二一頁。
21　ロールズ『公正としての正義・再説』、二四八頁。

四、「近代化」で失われたもの

1　自治の伝統

それは、「日常生活の公共性の再発見」という意味を持つ「居住福祉資源」論につながっていく。むしろ、「居住福祉資源」は、ロールズの理念を日本の社会[1]の具体的なモノや制度として示しており、松下圭一の「シビル・ミニマム論」の限界を乗り越える。それは、「都市」のみならず「農山漁村」の市民の日常生活の中にも存在し、「自治体」はあくまで脇役、あるいは「縁の下の力持ち」である。つまり、市民は自治体が役所で開く会議に出席しなくても公共的生活にかかわることができなければならない。例えば、土建業者がボランティアでブルドーザーを持ち出して道や施設を整備し、食堂経営者が地域福祉的な行事の炊き出しを手伝い、古文書に詳しい人が古民家の保存事業でその家に残された文書を解読するといったことで、自分たちの技能や知識を行使し、あるいは財産を使い、公共的サービスを生み出すことである。これらの行動は、古来ふつうに行われてきたことであり、むしろ、戦後の高度成長期の劇的な都市化の中で消えかかったものである。

権力集中を防ぐ装置

そうした活動に多くの市民がかかわる方が――つまり、かかわる社会的経済的な条件を整えることの方が――ロールズが警戒する「少数の者への権力集中」を防ぐ契機になると思えるのである。それに、「居住福祉資源」は、社寺のような伝統的なストックにおいても、あるいは市民がその知恵と力を合わせて新たに構築したモノや制度であっても、「必要の王国」とか、「自由の王国」とかの区別は意識されずに自由に構築されるものである。政府の役割を「必要の王国」に限定する発想のもとでは、自治体という政府機関では、プレハブ作りの公民館（集会所）や仮設住宅には補助金を出せても、お金のかかる古民家の保存修理とか、地震で壊れた神社や、市民の私有財産である住宅の補修や再建とかの地域文化の育成に補助金を出すという自由な発想は生まれにくい。「居住福祉資源」とは何か、を市民、自治体、国、企業などが論じ合い、それぞれの役割を見いだしていく「自治」と見る方が実際的ではないだろうか。

また、日本の伝統的な社会にも「自治」は存在していたし、日本の伝統的社会を「日本ファシズム」の原因と見たり、「農村的生活様式」が都市に持ち込まれたことが都市の荒廃につながったと見たりするのはあまりにも一方的である。日本の歴史において、ムラ社会が「明治的官権主義を前提とする集権的成長政策の基盤」となった時期はあったかもしれないが、それは帝国主義列強の脅威の中で、国家主導の富国強兵策により自らも帝国主義の道を歩んだ半世紀あまりの間のことである。日本の歴史において、分権的な「自治」機能を持った農山村や都市の例は、「自由都市」の堺や博多、山城国一揆、一向宗の門徒が各地につくった寺内町、作家・司馬遼太郎が「十津川共和国」と書いた奈良県吉野郡の十津川郷[2]など枚挙にいとまがない。

近代化で失われた公共的仕事

民俗学者の宮本常一は「今日の自治制度と大差ないものが近世には各村にみられていたようである」[3]と述べている。庄屋も世襲ではなく、村のよりあいによる合議制が見られるという非血縁的な地縁共同体が西日本中心にかなりの数あった。幕府天領だった奈良県五條市の商人町「新町」（写真3）では、一八～一九世紀に、選挙（入札）によって庄屋などの村役人を選んだという記録がある。一六〇八年に新町が開かれた時に当時の領主から得た「諸役(税)免除」という特権を守ろうと住民は団結し、自治の伝統を築いてきた[4]。明治二(一八六九)年には、明治政府や朝廷の権威をバックにした人物が「新町村」にやってきて、「村役人が不正をしている」と政府に訴え出たことに対し、「村役人は選挙で選んでおり不正はない」という反論をしている。

宮本は、非血縁的地縁共同体が機能してきた村では、「村共同の事業や一斉作業がきわめて多かった。山仕事、磯仕事、道つくり、祭礼、法要、農作業、公役奉仕など、古風をのこす対馬の場合など、こうした共同事業・一斉作業・公役などについやす日数が年間百日内外に達するかと思われる」[5]と述べている。「道普請」などの伝統が今も続くムラは

写真3　静かな五條新町の町並み

日本至るところにある。近代産業社会以前の日本では、日常生活にこうした公共的仕事が深く浸透していたことには間違いない。

この点は西洋も同じだ。アメリカのジャーナリスト、W・リップマンは、米国東部の農業共同体を例に民主主義は農村社会でこそ機能すると述べた。リップマンは、「民主主義は伝統的に、人びとが居住地域内で一切の因果関係がおさまるような事柄としか関わりを持たないような世界を相手にしようとする」[6]と言うのだ。

「近代化」は、そうした条件を奪い取ってきた。労働力として都市に集められた市民は、時間の規制が厳しい長時間労働の中で公共的な生活をする余裕を失い、地域社会との縁も薄くなる。戦後の高度成長期に至っては、労働力の居住地は郊外に広がり長時間労働に加えて遠距離通勤というものが加わり、市民の多くは「企業社会」にすっかり包摂されている。もちろん、教育水準の向上やマスメディアの発達により、松下が期待する、公共性や自発性を持った市民が育ち、民主主義の意識も浸透しつつあることは否定できない。しかし、日本の都市では、市民としての公共性を発揮する時間や「場」が十分ではない。結局、市民の多くは、行政に公共サービスを求め続ける「要求型」という立場から抜け出せないままである。

2　南方熊楠の問題提起

「居住福祉資源」という概念は、分業と市場化の中で破壊や分解が進む、自然や歴史遺産などのストック、歴史的に蓄積されてきた人間本来の能力、人と人との結びつきによる協働の力をどう取り戻すか、という課題から提起される。戦前の資本主義は、不況になれば農村に帰り、好況になれば都市に戻る労働力に支えられてきた。いわば、農村共同体は、景気の「調整弁」の役割を果たした。農村に戻れば、住居も食糧もある程度は確保できるからである。農家の生活の根幹は旧来の農業生産で支えられ、資本主義的な企業は「家計補助的」な低賃金の女子労働力を大きな戦力としてきた。こうした構造に支えられて都市部の中小企業も、大企業からの下請けを切られたり、支払代金を値切られたりしながら生きながらえてきたのである。そんな農村や、都市の中小零細産業を「底強く」支えてきたものは、市場での取引関係というよりも、地域社会の支え合いの慣習や精神、長期的に維持されてきたストックとしての住宅など「居住福祉資源」ではなかろうか。

日本資本主義の勃興期の歴史から具体的に見てみよう。早川和男は「社寺は地域の居住福祉資源」[7]と述べているが、当時の民俗学者、南方熊楠（一八六七～一九四一）は「神社合併反対意見」[8]でその機能を見いだしている。

神社の中央集権化

神社合祀令は一九〇六年に発せられ、「一村一社」を原則とし、それ以外の神社を取り壊す政策である。伊勢神宮を頂点に全国の神社を序列化・系列化し、日本国民の意識を「富国強兵」に向かわせる国民教化の考えからだった。中央とその出先の地方官庁の役人が率先して地域の自然とその上に築かれた共同体を崩壊させ、中央集権化を図ったのであるが、南方は、社叢林（鎮守の森）を切り払い、老樹を売るという自然破壊を告発しただけでなく、「合祀は地方を衰微せしむ」と、人間を含めた生態系の危機を訴えたのである[9]。

「以前は毎大字《だいじ》（＝集落）の神社参詣人に飲食売り、祭典の旗幟を染めしなどして生活せし者多し。いずれも合祀のため失職難渋せり。また村民他大字の社に詣づるに、衣服を新調し、はなはだしきは宿料を要す。以前は祭礼にいかに多くの金銭を費やすも、みな自大字の収入となりしも、今は全く他大字に落つ」。社叢林の樹木を用材として使うことで神社の修復コストが軽減されることを強調し、地域内の経済循環の重要性を訴える。加えて、「神林も社地も財産なり。地震、失火の際、神林によって生命、金銭を保安せる例多し。……事の末たる金銭のみを標準とし、千百年来信仰の中心たりし神社を滅却するは地方衰頽の基なり」[10]。「欧米諸邦、巨多の金を費やして公園を設くるも、民心を和らげ世を安んぜんとてなり。わが邦従来大字ごとに社寺あり、民の信念を高むると同時に、慰安快楽を与えたるなり」と述べ、「（神社が無くなったことで）貧民の子供は、神社に詣で神林に遊ぶを得ず。路傍に喧鬧《けんとう》して車馬に傷つけられ、田畑に踏み込みて苗を損じ、延いて親同士の争闘となり、埒もなき事件を生発するに至る」[11]。「居住福祉資源」を破壊する行動が、人々の生活、経済社会にマイナスに働くことを指摘したのである。

「入会地」喪失が意味するもの

「神社を切り売り」しようとした政府行動の背景に、帝国主義列強に対抗する富国強兵策（上からの資本主義化）があることを注意しなければならない。合祀令の末項には「村社一年一二〇円以上、無格社六〇円以上の常収ある方法を立てて、祭典を全うし、崇敬の実を挙げしむ」[12]とある。府県知事は、数千円の基本財産を積むことを市民に迫ったのである。社地を売ったり、神林を伐採して木を売ったり、高額のお金を要求したりという、金銭ずくの行動は、むしろ当時の国家の資本主義的な性格を表している。

封建時代の土地制度が、近代的な土地私有制に代わる中で起きた岩手県の「小繋事件」[13]もそうした資本主義的国家の暗部の一つである。この事件は「入会権」をめぐり、住民と土地所有者が二〇世紀初頭から中盤にかけての五〇年以上も争ったものであるが、集落住民の「総有」とされていた「入会地」の山林がいつしか、地主の個人所有とされ、住民は燃料となる薪を集めたり、住宅の建築資材としての木を伐採したりすることができなくなった問題である。木を伐った住民は「森林を盗伐した」として、地主と結託した国家権力により刑事罰を受ける身になった。集落は、地主側と農民側に分裂し、コミュニティは崩壊していった。今日、山林の荒廃が進む今、「入会的管理」の意義を見直していく必要もあるだろう。それは都市空間においても本質的に同じ事である。

注

1 日本居住福祉学会が「居住福祉資源」として例示しているものは国内だけであるが、その理念は海外でもむろん通用する。
2 司馬遼太郎『街道をゆく』（朝日文庫、初出は『週刊朝日』一九七七年一〇月～七八年一月）、九二頁。
3 宮本常一『忘れられた日本人』（岩波文庫、底本は一九六〇年、未来社刊）、五七頁。
4 『五條市広報』二〇〇八年九月号と一〇月号の「新町と松倉豊後守重政」に、智弁学園教諭・藤井正英氏が「江戸時代の選挙？」を書いている。五條市の郷土史家や市民が編集した『新町と松倉豊後守重政四〇〇年記念誌』（二〇〇九年）、二六七頁も参照。
5 宮本、前出、五四頁。
6 W・リップマン、掛川トミ子訳『世論（下）』（一九二二年刊、岩波文庫）、一〇六頁。
7 早川和男『居住福祉発見の旅Ⅱ』（東信堂・居住福祉ブックレット15、二〇〇八年）、二一頁。
8 南方熊楠「神社合併反対意見」『日本及び日本人』一九一二年、四、五、六月号。

9 鶴見和子『南方熊楠』(日本民俗文化体系4)(講談社、一九七八年)、三四五頁。

10 同上、三六六〜三六七頁。

11 同上、三七二頁。

12 同上、三五六頁。

13 戒能通孝『小繋事件〜三代にわたる入会権紛争』(岩波新書、一九六四年)参照。

五、歴史的な蓄積が社会を変える

1　「死んだ労働の蓄積」の三類型

実は、資本主義の成長も、非市場的な「資源」が大きな役割を果たしている。「市場経済」それ自体の運動で産み出されたとは言えない側面を持っている。中国やインド、あるいはロシアやブラジルといった新興国も、安くて良質な労働力や、豊富な天然資源が経済成長の裏付けになっている。安くて良質な労働力の背景には、伝統的で自給自足的な農村共同体をベースにあり、その中で歴史的に積み上げられてきた教育水準がある。豊富な天然資源も、これまで未開発だった森林資源や地下資源を開発し利用しているのに過ぎない。

アジア経済研究所に長く勤めた中村尚司（龍谷大学研究フェロー）は、非市場的なものが経済社会に占める意義を強調し[1]、インドの村落社会の研究などを通じて、「現在の人間活動は、多くの場合、過去の人間活動の延長、すなわち対象化された労働の蓄積の上に行われている」「蓄積とは前代もしくは前期の広義の労働の結果が、次代もしくは時期の経済活動の水準を高めることである」[2]と述べ、「死んだ労働の蓄積」という概念を打ち出している。その蓄積概念を「労働手段の改良（手の延長としての）」「労働対象の改良（大地の延長としての）」「労働主体の改良（「労働力能の延長」としての）」の三つに分類する[3]。

「手の延長」による価値の独占

「手の延長」とは道具や機械のことである。当初は農家が所有しているが、資本主義の発展に従い、やがて企業が所有し、私的な売買の対象となり、資本の一部となる。これに対し、「大地の延長」は、太古から封建時代までに造られたため池や水路、水田などであり、主に村落共同体が管理している（**写真4、5**）。「労働力能の延長」は、経験、勘、熟練や技能、技芸などであり、労働主体個人の身に付随するものである。この三つはバラバラに存在するのではなく、それらが絡み合って生産活動を支えている。

写真4　都市開発用地として都市再生機構が買収した土地に残るため池（奈良県生駒市高山）

写真5　ため池には先人たちの知恵が詰まっている

「居住福祉資源」は「生活面」で同様な機能をするものであり、「大地の延長」「労働力能の延長」に近い。例えば、社叢林（鎮守の森）は、地域の共同体が長い歴史の中で維持してきた「大地の延長」であり、南方熊楠が指摘したように地域社会の生活を支えている。祭りを通じて高齢者や若者、子供が交流を深めて、高齢者が自らの仕事で得た経験や技能・芸能など「労働力能」を子供たちに伝えて生きがいを感じたり、地域共同体の成員が各自こうした技能を持ち寄って暮らしを支え合ったりする機会ができる。こうした「居住福祉資源」が存在する暮らしこそが豊かさを実感できるのである（**写真6、7**）。

企業の生産活動も「大地の延長」「労働力能の延長」と、「居住福祉資源」の恩恵に支えられている。周囲に「大地の延長」と言える水田や、よく手入れされた森林があれば、水害などの被害を免れることができる。熟練工の腕が企業を支えるのは言わずもがなであり、社寺などの「居住福祉資源」が地域社会の魅力を向上させ、質の高い労働力が集まる源になるという具合である。ところが、企業が相手に支払うのは、「手の延長」と一部の「労働力能の延長」のみである。「労働力能」は平均化され、賃金水準という一つのものさしで計られる。現代は、もっぱら工業的な労働生産性の向上を追求する「手の延長」が価値を独占し、歴史的に蓄積された「大地の延長」「労働力能の延長」を浸食しているのである。

写真6　過疎地の神社で奉納される郷土芸能「篠原踊り」（奈良県五條市で）

写真7　神楽が奉納される神社

2 「工業化」がもたらすもの

例えば、「減築の時代」で指摘したように、日本の住宅寿命の短さも、工業化された住宅建築と切り離せない。二〇世紀の終盤に発生した不動産バブルは、住宅建設ブームを当て込んだ住宅会社が乱立した。それを支えたのが低金利であり、企業は大量の広告宣伝費を使い、低価格をウリに商品を売り込む企業が幅を効かすようになった。土地代が高騰している都市部では、「低価格」を実現させるために、外国産材を輸入してプレカット工法や集成材の多用という大量生産方式で住宅を建設し、その結果は「モノカルチャー性が強く、ひ弱な郊外社会の拡大に終わった」[4]と言われる。

林業の衰退と住宅建設

高度な技術を駆使して耐震性などすぐれた住宅が建てられる可能性は広がったが、そうした住宅は比較的価格が高く、すべての住宅にそうした技術が応用されるわけではない。広告宣伝効果に加え、消費者の低価格志向も加わって、伝統的な大工の技術は不要になり、低賃金の非熟練の大工でも家が建てられるようになった。木材も輸入材（現状では国産材より安くはない。一度に大量の材木供給が可能という利便さから大量生産に向いている）に替わり、国産材の価格は下がり、国内の林業経営は成り立たなくなった。木材を売っても収益が上がらないため、植林、間伐、枝打ちといった山の手入れをあきらめ、伐採後の植林もされなくなった。その影響で山村の人口が減り、逆にシカが大量に繁殖し、新芽を食べたり、木の皮を剥いだりして人工林もその周囲の天然林も根こそぎ荒廃している。

商品を大量生産するには「大量消費」が裏付けに必要である。消費者の心理を支配する「文化」も動員される。「期待」を形成する要素の一つとして東京への文化的な一極集中も見逃せない。大手ハウスメーカーの影響下にある国交省は、それに合うような建築基準をつくり、建築文化の画一化を促進しているという批判もある[5]。

日本では、伝統的に住宅建築は、地域社会の、建て主と大工などの一対一の顔の見える関係の中で行われてきた。その歴史の中で木造を中心とする建築技術が維持されてきた。それが、見ず知らずの者同士の商品の売買という関係に変わってきた。消費者が住宅という商品を買うときに参考にするのは、価格、外観、それに広告宣伝のうたい文句などごく限られた情報になる。伝統的な大工仕事の場合は、地域社会内の「信用」が重要であり、情報源としてはこの方が信頼できるのだが、人口の移動が激しくなってコミュニティが崩壊する中で、消費者が信頼できる大工を探し出す機会、そのものが無くなりつつある。

市場に分断される公益的機能

本来、大工や森林は、それが存在することで地域社会を持続可能にする機能を持ってきた。代価として支払われるのは「家を建てる」という商品の売買行為としての工賃や材木の代金だけである。その公益的機能は、支払われる商品の「代価」以上のものになる。大工は、災害に備えて建物の補修や補強を担うし、災害後は復旧に従事する。地域社会に存在すること自体が災害への備えになるが、画一的な生産方式の中で新築住宅という商品生産に専念している事業者にはこうした機能は備わっていない。森林も、木材を搬出してそれを商品化するだけの存在ではない。酸素を放出し、土砂崩れなどの災害を防ぎ、水源を涵養するという公共財としての機能を持っている。我々の生活は、商品を買うという行為だけでは成り立たない。地域社会に存在する、商品も含めて、さまざまな資源が組み合わされ、支え合ってこそ、存続しうるといっても過言ではない。が、商品経済、あるいは市場機構はそれらを分断し、すべて商品の交換という関係に置き換えてしまう傾向がある。資本主義が「分業」を根本的な原理としている体制であるからだ。旧来の人間は自然と対峙しながら、親や集落などのコミュニティで学んだ知識や技能を使い、生産と生活を営んできたが、分業により、本来の人間の能力を分解し、協業や労働生産物の交換によって生活を成り立たせるようになったのである。人間の知恵を働かせて自然との調和を図ってきた持続可能な空間が崩壊寸前に追い込まれている。「工業的」な住宅建設システムは、輸入先の木材資源の枯渇を招いている。その影響で最近は国産材を量産する動きが見られるが、今度は、国有林などの大量伐採（皆伐）による自然破壊の問題が浮上している。

3　人間排除の論理

このことは、「人間の能力」の劣化にもつながる。例えば、奈良県吉野地方のスギ、ヒノキの人工林は人間が自然とつきあい育ててきた持続可能な空間である（写真8）。間伐や枝打ちなどの手入れを続け、高級材「吉野杉」を育て、伐採は樹齢

写真8　都会の人たちが間伐を手伝う人工林（東吉野村）

八〇年、一〇〇年になってからである。そんな活動を続ける吉野の林業家が持つ知恵や能力は並大抵なものではない。立木を見て「これは柱に使える」と判断し、それを使って自分で家を建ててしまう、山中で天候の変化を見極める、林業機械を自分で直す、山野草を見て食料や薬草になることを見分けるなど、「自給自足」的な生活能力を持つ彼らは「山中では自分しか頼ることができないからや」と言う。父親と幼い時から山仕事に出かけて蓄積されてきた能力である。集落上げての「道普請」や草刈りなど、人と人が協力し合う協働の術も知っているが、過疎が進んだ山村では、そうした能力を引き継ぐ人たちは著しく減少している。

「量産」を軸にしたシステム

生活面も同様である。例えば、築二〇〇年の古民家を壊して、「工業製品化」している住宅を新築する場合、蔵にしまわれていた、過去の職人技（労働力能）の結集のような古い道具類は一部を除いて廃棄されてしまう運命にある。古民家とはある意味生活面での「大地の延長」である。食料も、コンビニで出来合いの食品を買ったり、外食で済ませたりすることが多くなると、家庭で調理する「労働力能」は低下してしまう。

労働生産性を単に向上させることばかりに集中すると、人間を生産過程では労働の現場（雇用）から、生活過程では生活能力から引き離すように作用してしまう。人間の生活を持続させるための生産のバランスは明らかに崩れている。

「手の延長」の特性は、設計図があれば量産が可能になることだが、高い技術を持った者は少数で良く、彼らに高報酬を与えても、大多数の勤労者は、単純労働か、効率化が難しいサービス業（例えば介護）などに流れていく。経済がグローバル化で彼らの代わりとなる労働力は開発途上国がいくらでも供給してくれる。その結果、低賃金や失業者を生み、格差社会という現実が広がっている。さらに、こうした「量産」を軸にしたシステムは、もっぱら資源を大量に使い、大量に売ることで成り立つため地球環境にとってもマイナスの要素が強い。その行きつく先は、居住空間からの人間排除である。例えば、国は二〇〇二年に区分所有法を改正し、マンションの建て替え要件から、建て替えと修理の費用を比較することを用件とする「過分性」を外し、区分所有者の五分の四以上の賛成のみに緩和した。建て替えを促進するためである。公共住宅においても、建て替えを促進して高層化し、余った土地を不動産業者に売るといったスクラップ・アンド・ビルドの政策が進められている。政府や企業は「都市空間の有効利用」とうたうが、大手業者による住宅建設の市場確保といった側面が強い。これによって生み出される住宅の顧客は、ある程度余裕のある所得階層に限られる。マンションは資産運用の対象となり賃貸化が進む。建て替え促進の流れの中では、マンションや公共住宅を「終の棲家」とするのが難しくなる。こうした「安心して住み続ける環境」を失えば、いざという時に備えて貯蓄に精を出すか、低金利に心理的に耐えられなくなった人は「利殖」に手を出し、さまざまな有価証券を買う。生活全体が、ギャンブル性に満ちた世界に取り込まれるようになる（**写真9**）。

近代化されたシクミの矛盾

早川和男は、「地価」という資本主義的な価値体系に基づく「区画整理」についてこう述べている。「区画整理は、商品としての土地の価値を上げ大きな利益をあげるが、零細借家人、借地人にとっては、地価の上昇は生活空間の価値上昇とはならない。結果的に住み続けてきた空間から追い出されるケースが少なく

写真9　建て替えのため居住者が立ち退き雑草に覆われた分譲マンション（大阪府吹田市）

ない。空間価値が使用価値として評価されず、さらに生存権に係わる価値の側面が評価されない空間価値の体制がここでは明らかになっている」[6]。空間価値が「生存権に係わる価値の側面」を反映しないという矛盾は「区画整理」だけでなく、前に述べた「小繋事件」でも、分譲マンションの区分所有の問題にも共通する。このような「近代化されたシクミ」が今や、多くの矛盾を生み出している。

小繋事件の現場の現状はわからないが、住民が「総有」することで、手入れ、伐採、利用という形で安定していた山林の環境が、「所有者」が行う木材生産という市場経済的な目的で採算が合わないという理由で手入れがされなくなり、放置林に変わりつつあるという事例は枚挙にいとまがない。開発目的で私的な資本や土地開発公社や都市再生機構などが入手した山林も利用法が見つからず「塩漬け状態」になっている実態もある。一方、分譲マンションを「終の棲家」と考えた零細な区分所有者は追い出される運命にある。

注

1　中村尚司『共同体の経済構造（増補版）』（新評論、一九八四年）。

2　同上、二九頁。

3 同上、一〇九頁。
4 住田昌二『二一世紀のハウジング』(ドメス出版、二〇〇七年)、一三頁。
5 『日本インターネット新聞』二〇〇八年七月二四日付(江口征男「もう一つの〝官製破壊〟『伝統構法も崩壊の危機』でフォーラム」)。
6 早川和男『空間価値論』(勁草書房、一九七三年)、一七頁。

六、新しい機軸の形成

1 「了解関係」に着目する

中村尚司は、「近代化されたシクミ」の矛盾を「所有関係」に求め、それに対峙するものとして「了解関係」に目を向ける。現代社会では、モノの価値は所有関係の中で認知されている。経済学もその関係を前提に構築されている。「了解関係」とはどのようなものなのだろうか。中村はこう説明する。「人間の生命活動によって社会的に産出されたものでも、直接的にはこの所有関係のなかに姿をみせない場合がある。例えば言語がそうである。Aの作ったコトバをBがまねて使っても、そのコトバはAのもとに残っている。Bは一つのコトバを新たに獲得したわけであるが、それはそのコトバの価値を了解しただけのことであって、決して奪いとることにはならなかった。後の時代になって音楽が商品化されるまでは、Aの作曲した歌の価値は、何人といえども奪うことができなかったはずである」と。さらに、美術作品を例に「ひとたびBがその作品を奪いとり他人の眼から隔離することに成功すれば、それは所有関係に含まれることになる」と。「所有関係」は普遍的どころか、「本来的な社会の基礎をなす人間の類生活の空隙（分裂によるすき間）に寄生し、急速に増殖していった異物」[1]と断じている。

所有関係の解体

小繋事件も、「了解関係」の中で集落住民の「総有」とされた山林が、排他的な「所有関係」に奪いとられた矛盾と言える。中村は今後において、「所有関係が解体し、了解関係に転化する契機」を見いだし、経済学に対しても、「その所有関係が再び了解関係一般の中に埋没し、融合してしまう過程の見通しをつけておかなければならない」とし、「過渡期の経済学にとっては、間主体的または共同主体的な社会関係の存在形態とその構造を視野におさめなければならない」[2]と転換を求めている。

そんな人間主体同士の関係、結合体には、「実在的有機的な生命体」（ゲマインシャフト）と、「観念的機械的な形成物」（ゲゼルシャフト）がある[3]。ゲマインシャフトとは家族、民族、村落、自治共同体、都市、教会などで、職業は家内経済、農業、芸術。社会意志の現れ方とすれば、了解、一体性、慣習、宗教などをあげている。一方、ゲゼルシャフトは大都市、国家、世界などで、職業は商業、工業、学問。社会意志の現れ方は契約、協約、立法、政治、世論である[4]。

新しい規範の追究を

ゲマインシャフト的な都市では、「手工業は芸術として、まず第一に共同体全体の需要のために存在する。すなわち、都市の城壁や塔や城門をつくり、市役所や教会を建てるための建築術として、——また、このような家々の内外を飾ったり、神や偉人についての思い出を肖像によって保存し育成したり」[5]するが、ゲゼルシャフトでは、「物品はすべて同じものであり、その一つ一つはただそれに必要な労働の一定量を表しているにすぎない」「（手工業などの）本性上ゲマインシャフト的な労働が、特殊技能の養成・相続・教授などによって分割したり、あるいは分割されたりするのではなくて、むしろ人々は、ゲゼルシャフトの定むる価格にもっとも近いような労働、したがって要求される過剰労働時間の量のもっとも少ない労働にたずさわるようになる」[6]と規定される。

が、共同体的な社会は、息苦しい社会のイメージが強い。歴史的に見ても、多くの人々がそうした共同体の規制から逃れようと大都市に出ていった。「了解」「一体性」「慣習」といったあいまいな規範は人々の創造性を発揮することの障害になる。多くの人は、契約や法律といったきちんとした規範に基づく社会を好む。しかし、市場が支配するだけの社会も息苦しい。「共同体への回帰」といった過去への郷愁ではなく、現実の経済社会の基底に存在し、資本主義経済の発展の基礎にもなった、非市場的要素や価値を考慮した新しい規範、法律、制度を追究することである。

2 「労働」と「所得」の分離と協働

それは、生産の社会性を意識し「労働」と「所得」を分離するシステムをつくり、何でもモノを買わないと生きていけない社会から、協働のシステムにより低いコストで生きていける効率的な社会を目指すことである。「労働」は「稼ぐ」とは一致しない。例えば、奈良県の吉野や宇陀の村々では、「道普請」といって集落の住民が日にちを決めて、総出で道路の補修や草刈り、共同水道[7]の維持管理をしたりする。これにより、生活面の金銭的なコストははるかに低い。「居住福祉資源」とは、中村が定義した「死んだ労働の蓄積」も動員し、生活全体の「効率化」を図るシステムやモノである。非市場的、共同体的なものも含むし、商店街など「市場」も含む。ただ、その市場システムは、都留重人が指摘した「近視眼的かつアトミスティック（原子論的）であるがために非効率なものとなり、そのことがかえって有効需要を拡大する素因となる」といったものではなく、持続可能なものとして将来を見通して合理的に設計されたものであり、その設計は、個人的な利益より地域社会全体の向上を優先させた知恵によるものになる。

生活基盤の保障を

市場主義的に見ると、「大地の延長」「労働力能の延長」の所有者は地代や、高額な工賃を受けとる権利があるが、現実に、そのようなことを実行してしまえば低コストの「居住福祉資源」は実現できない。重要なのは、「労働（「死んだ労働」も含めて）」と所得を分離し、コストのかからない「了解関係」を育てることである。つまり「所有関係」の中に「了解関係」をどのようにして融け出させるのかを考えるべきである。

そのために必要なのは、住宅をはじめ、医療、教育、年金などの生活の基盤を保障することが必要になる。それによって「高福祉・高負担」は避けられないが、それは、「稼ぐ」から解放されることで人間行動の自由は広がり、新しい循環を産み出すことを可能にする人間に対する社会投資なのである。

3　民間資源の活用

「町並み保存」を例に考えてみよう。伝統的な町並みを形成する町家は個人の所有物である。最近、居住者が高齢化し、後継者が転勤などでその地を離れることが多くなるにつれ、空き家が増え、高齢者の比率が高まり、建物の老朽化も進む。「所有関係」だけを重視すれば、老朽化して放置された家々が連なる沈滞した市街地になるか、「スラムクリアランス」をされ、その町の歴史とは似ても似つかない新しい市街地に生まれ変わるだけである。

町家の修理や修景を支援する「町並み保存事業」は、重要伝統的建造物群保存地区

写真10　重要伝統的建造物群保存地区「今井町」(奈良県橿原市) の町並み

（重伝建）のように文化財を保護し、都市計画として町並み景観を保全し、観光振興につなげたりする機能がある。同時に、伝統文化を世代から世代に継承し、高齢者や子供たちの暮らしに落ち着きを与えるという福祉的な効果も期待できる[8]（写真10）。が、「重伝建」では国（文科省）の補助金が出るが、自治体財政への負担も重い。

くびきを解く効果

理想を言えば、所有者自らが町家の修理を行い、あるいは、空き家を買い取って修理する市民が現れる。それに協力して、住民が自らの生活を改善するために町家をバリアフリーに改造する、町家を高齢者のデイサービス施設に活用することで「福祉的な空間」を実現する[9]。民間が所有する資源を効果的に活用することで地域福祉の向上とともに、そのこと自体が地域を活性化させる経済的な効果も生まれてくる。つまり「所有関係」のくびきが解かれて「了解関係」に転化するシクミが整えられれば、政府・自治体部門の財政負担が少なくて済むだけではなく、修理や改築などの建築需要、高齢者の福祉サービス需要の拡大につながる波及効果がある。が、それをどう産み出すのかという戦略が必要である。

４　地域社会を支える市民活動

企業活動や商業活動が、「居住福祉資源」を生み出す例もある。東京のとげ抜き地蔵の門前町「巣鴨地蔵通り商店街」は「おばあちゃんの原宿」として高齢者の人気が高い[10]。高齢者向け商品に工夫を凝らし、約六割の店がトイレを客に開放するなどして高齢者が過ごしやすい空間をつくりだしている。だが、その効果は、顧客が「良いものが買えた」というだけではない。仲間同士おしゃべりしながら歩いたりして外出の機会を増やし、高齢者の心と体の健康を増進する作用をする。売った商品の値段以上の公益的機能である。全国各地の商店街にはそうした「福祉的機能」があるとされている。サラリーマンは日中遠くの会社に居るが、商店主たちは街を見守り、地域の祭りの実行主体となって地域社会の一体感を保ち、いざという時は地域を守る防災や防犯の活動をする。

「不払い労働」の役割

年金で暮らす高齢者のボランティア活動、つまり「(賃金をもらわない)不払い労働」が、地域の「居住福祉資源」を作り出す事例もある。奈良県高取町の住民グループ「高取土佐街並み天の川計画実行委員会」が二〇〇七年から毎年、三月の一カ月間に開く「町家の雛めぐり」もその一つである11。江戸時代、譜代大名の城下町だった「土佐街道」沿いの民家が持っている江戸時代から昭和三〇年代くらいまでの雛人形を玄関先に飾って、町を訪れる人たちに見てもらう町おこしの企画だ（写真11、12）。第三回の〇九年は、八〇軒が雛人形を展示し、前年の一・五倍の約三万八千人が来訪した。ボランティアの数は高齢者を中心に延べ約三千人で、来訪者に売る「餅花」（一本一〇〇円）を作ったり、柿の葉寿司を売ったりした。来訪者の増加で地元商店の売り上げ増など経済効果は約五一〇〇万円という。

実行委の野村幸治代表は、大手証券会社を定年退職後の年金暮らしの中でこうした活動

写真11　車いすの高齢者も訪れた町家の雛めぐり（高取町）

に入った。「経済効果より、高齢者が元気になるなどの福祉的効果が高いと思う」と話す。孤独になりがちな高齢者がボランティアに参加すれば生きがいになる、一方、来訪者も友人といっしょに城下町の道を歩けば心と体の健康づくりになる。雛人形を飾っている家で住人と来訪者が対話する姿も多い。住人は蔵や天井裏などに置いてあった雛人形や古道具、昔の書き物などを玄関先に持ち出し、それをネタに来訪者とおしゃべりをする。住民同士のつながりを深めてコミュニティとしての機能を維持するのにも役立つ。

写真12　町家の雛めぐり。高齢者が作ったおみやげ物も人気だ（高取町）

黒字のイベント

このイベントに高取町は補助金を出していない。同町は、工業団地や温泉施設という開発に手を出し、バブル崩壊の影響もあって計画は頓挫。用地買収を進めた町土地開発公社が数十億円と言われる多額の借金を抱える。が、実行委の予算自体もゼロなのである。〇九年度の収入は、来訪者に呼びかけた竹筒への募金で七二万円、観光客に配る雛めぐりマップへの広告料五七万円、柿の葉ずしなどの売り上げ七五万円など計二四一万円、支出はマップの印刷代四三万円、展示制作費一〇万円、すしの仕入れ代など食材費五五万円など計一六九万円で、しめて七二万円の黒字である。ボランティアだから労賃はいらない。経営的にはきわめて効率が良い。

この催しが成り立つのは、年金で暮らしていける高齢者の蓄積と、伝統的な町家と町並みがあるからだ。まさに「大地の延長」のような町家の存在が新しい価値を生み出したのである。が、こうした伝統的な町並みは老朽化が進んでいる。町家が取り壊されれば、蔵などに所蔵されている古道具や古文書も散逸し、町の魅力は一気に失われ、こうした催しは成り立たない。居住福祉資源としての町家をどう守るかが至上命題である。

5 「農」と医療を軸にした暮らし方

農村での「居住福祉資源」構築の試みを岩手県西和賀町沢内の例で見てみよう。奥羽山脈のふもとの沢内地区は積雪が二メートルを超す豪雪地帯にある人口三六六五人（二〇〇五年国勢調査）の農山村である。県庁所在地の盛岡市から約六〇キロにあるが、水田が一一五六ヘクタール（休耕田や転作地も含む）もあり農業が盛んだ。人口は、一九五五年の六七一三人に比べれば半分に近く、一九七五年（人口四八七八人）との対比では四分の三になった。だが、世帯数は一〇六七世帯（五五年）から一〇八〇世帯へとほぼ横ばい。一世帯当たりの人口が六・三

写真13　沢内長瀬野集落の広場周辺。雑草もなく美しい農村景観がそこにある

人から三・四人に減ったのが大きいが、一世帯当たり二人余りという村が多い過疎地の中では比較的「大規模家族」が維持されており、人口の減少幅も比較的緩やかである。地域の特色は、国保沢内病院を中心とする保健・医療・福祉のシステムが確立されていることである[12]。そんな「居住福祉資源」を抱く住民の暮らし方に注目したい（写真13）。

「沢内」を支えるもの

町や農協などが組織したNPO法人西和賀農業振興センターによると、沢内地区の農業は、和牛の繁殖と米作りという複合経営が特徴だったが、一九七五年以後、水田の転作と絡んでイチゴ、野菜、花卉（リンドウ、ユリ、グラジオラス）の栽培が盛んになった。特に花卉は年間出荷額が五・五億円（二〇〇七年度、農協扱い）、そのうちリンドウは栽培農家が約一〇〇戸、年間出荷額三・七億円と、全国一の出荷額を誇る岩手県では県内二位で、同地区の農業の中核になっている。一方、全国的に畜産が大規模化する影響を受けて畜産は年間出荷額四億円余りにとどまる。特に生乳を出荷する酪農は、飼料の高騰や牛乳の消費減の影響を受けて出荷額が最近では減少傾向にあり、和牛を一農家当たり一～九頭育てて繁殖させる、いわゆる「子取り」をする農家が中心になりつつある。

住民の暮らし方は一般的には、農業では花卉＋稲作（米）、花卉＋畜産＋稲作（米）という形であり、それに年金やサラリーマンとしての収入という形で支えられている。同地区に一二年前に農地を借りて入植した四〇歳代後半のWさんに都会の暮らし方の違いを聞いてみた。Wさんは広島県出身で大学は長野県、東京でサラリーマンをしていた。家族は妻と五歳と三歳の子ども二人の核家族である。生活は、年間約一〇〇箱（一箱で一五〇本）を出荷するリンドウと有機栽培の米をインターネットで販売して支えている。収入は東京を離れた当時（三三歳）と比べても半分程度という。

医療充実の効果で雇用を産む

Wさんは「地元の住民の暮らし方と比べて、核家族の私たちの生活には大きなハンデがある」と言う。一般的な住民は三世代同居やそれに近い家庭が多く、父親の年金、外で働く子どもたちの収入、それに農業収入を合わせて暮らしている。リンドウ栽培でもお盆や彼岸といったかき入れ時に高齢者が戦力になり、日常的には子どもの世話をしてくれるのが高齢者だ。「そういった家庭ではリンドウの出荷数を抑えて、消防、ＰＴＡ、交通安全といった村の役目や行事、自宅周辺の草刈りなどに充て、生活環境をすごくきれいにしている。核家族のわが家にはとてもその余裕はない。農業の施設設備面でも作業所やトラクターなど今後投資しなければならないものが多いが、古くからの農家はそれらがある程度そろっている分暮らしにゆとりがある」と話す。それでも、Wさん一家は一カ月に五万円あれば暮らすことができ、「大都市の生活よりはるかに充実している」と言う。が、国民健康保険料、国民年金の積立金などの公共料金の出費が重い。さらに地元の県立高校の廃校話が心配のタネだ。「娘が成長して高校に通う場合、下宿や駅（JR北上線ほっとゆだ駅まで二五キロ）への車で送迎となると下宿代やガソリン代が生活に響く」と言う。

沢内地区の充実した保健医療体制が呼び水になり、障害者の授産施設や特別養護老人ホームが立地し、それらが新しい雇用を産んでいる。町職員は「充実した医療の成果もあり、最近は長寿者が増えている。外見上の収入は低いがトータルな生活コストもかからない地域づくりのモデルを目指したい」と話す。実際、国保沢内病院で三六年間勤務した増田進医師は「田舎の医療は楽しい。（治療や保健指導の）結果や反応がすぐにわかる。沢内では、料金も住民の委員会で決める。病院は年間二千万円の赤字でも、年間の医療費は県平均より一人当たり五千円も低い。（旧沢内村全体で年間二億円を節約した計算になる」と言う。

増田医師は「都会では、治療を受けた患者がどうなったのか知ることもできない。今の医療は自治とは正反対。政府の決めた診療報酬に合わせて治療を進めないと金が取れない。例えば、咳が出たらすぐ点滴をする、治らなければ検査する、といった具合に医療費ばかりが増えていく」

と商品化した医療の実態を告発する[13]。

が、地域経済を支えるのは、価格変動の影響を受けやすいリンドウ栽培というのが不安要素である。それも花卉の場合「産地づくり交付金」に「地域振興策物団地化加算」などを加えて一〇アール当たり四万一千円もの助成金があってのことである。花卉の売り上げは一九九四年の九億円から五・五億円に落ち込み、栽培農家も減り気味。充実した保健医療、長い時間をかけてできた農村社会の仕組み、同居する高齢者のパワーといった「居住福祉資源」が生活を安定させ、美しい農村景観を維持してきた。が、それと同時に、その基盤となる経済の脆弱性もかいま見えるのが現状である。

注

1 中村尚司『共同体の経済構造（増補版）』（新評論、一九八〇年）、二二、二三頁。
2 同上、七九頁。
3 テンニエス著、杉之原寿一訳『ゲマインシャフトとゲゼルシャフト』（上）（岩波文庫、一九五七年）、三四頁。
4 同上、上巻末尾の「概念一覧表」による。
5 同上、八五頁。
6 同上、九八〜九九頁。

7　住民が水道組合を設立して、ホースで山中から沢水やわき水を集落まで引っ張っている。

8　黒田睦子『奈良町の暮らしと福祉』（東信堂・居住福祉ブックレット9、二〇〇六年）。

9　名古屋・南医療生協の「グループホームなも」は築六〇年以上の木造住宅を改造した。二〇〇八年度「居住福祉資源認定証」を贈られている。日本居住福祉学会編『居住福祉研究7』（二〇〇七年）（水上晃「認知症高齢者の暮らしにおけるグループホームの有効性」）、九一頁。

10　早川和男『居住福祉資源発見の旅』（東信堂・居住福祉ブックレット1、二〇〇六年）、八頁。

11　『朝日新聞』奈良版、二〇〇八年二月二八日付、〇九年四月二九日付、五月一六日付。

12　高橋典成・金持伸子『医療・福祉の沢内と地域演劇の湯田―岩手県西和賀町のまちづくり』（東信堂・居住福祉ブックレット17、二〇〇九年）。

13　増田医師の、第二二回自治体学会岩手・盛岡大会（二〇〇八年八月）第二分科会「人口減少時代のくらし再構築」でのパネリストとしての発言を筆者が要約。

七、民主主義の戦略

1　明日の田園都市

「居住福祉資源」とは、市民が公共性、自発性を発揮する「自治」の現場であり成果でなければならない。国や自治体の政策体系、法律体系を、明治以来の官権主義から転換し、アメリカから導入された民主主義に基づくとともに、日本社会の伝統にも裏打ちされた「居住福祉資源」を基本に、さらに「居住福祉資源」を育てていくというのはまさに「民主主義の戦略」である。こうした資源を蓄積し、再生産し、増大させることが真の「豊かさ」につながる。とは言え、民間人がそれらの主体、担い手になりうるためには、時間的、経済的、空間的な余裕が必要である。例えば、定年退職後に年金を生活に十分な程度もらい、住居費が低廉で快適な住居が確保されていれば、「居住福祉資源」を維持または拡大していく条件になる。

自助努力だけでは厳しい

それに対し、長時間労働で老後の蓄えも少なく家賃やローンの支払いに追われているとなれば、それは厳しい。自助努力を求めるだけでは「居住福祉資源」の形成や再生産、拡大という循環にはつながらないわけである。長時間通勤を余儀なくされる大都市をつくらない地方への人口分散政策（政治的、経済的、文化的な中央集権政策の転換）や、労働時間の短縮、年金・医療などの充実、適切な居住を保障する住宅政策などへの政策転換——すなわち「人間への投資」——があってこそ、「居住福祉資源」の蓄積、再生産、増大という新しい循環が生まれてくるのである。だが、現実の政策は、物的な資源を浪費させてGDPを増大させるまったく逆の方向である。

こうした矛盾を解消させていく社会のシクミを構築していくためにも、経済政策や社会政策として「居住福祉資源の蓄積」という方向性を目指す必要がある。こうした志向が明治以来の日本の政府や政治の中でまったくなかったわけではない。一九〇七（明治四〇）年に、内務省地方局有志が「田園都市」[1]という報告書を出版している。英国や欧州大陸諸国の田園都市建設の動きを詳細に分析し、日本国内についても数多くの分析を加えて提案している。一八九八年に英国のエベネザー・ハワードが「明日の田園都市」を著した九年後である。

「富国富民」を目指した官僚たち

その第4章「住居家庭の斉善」では英国の「家屋の改良」の事例を紹介し、まさに居住福祉の重要性を訴えており、その第13章から第15章は「わが邦田園生活の精神(上、中、下)」で、「自治」と市民中心のさまざまな社会的事業や営みの重要性を訴えている。文庫本の解説を書いた当時学習院大教授だった香山健一は「徳川三百年の鎖国を解いて門戸を世界に開放したとき、日本は有史以来の人間尊重、自然愛好の平和的、文化的特質を継承、発展させながらユニークな非軍事的、非イデオロギー的平和国家として生きていく可能性があったといえる。……内務省地方局のスタッフの脳裡をかすめていたのは、やがて日中戦争後、第二次大戦に連なっていくこととなった運命の『富国強兵』への道ではなくて、『富国富民』、豊かな自然と文化に彩られた田園都市国家建設への平和的な道についての夢だったのではなかろうか」[2]と述べる。しかし、その道に進まなかった原因は、当時の日本は真の民主主義が存在せず、西欧と同じ帝国主義の道を歩むために、「国民教化」を進めたことにもよるであろう。

2 「民」を公共化する戦略

現状は、「官から民へ」という、公共的なサービスは役所に任せるよりも民間企業にやらせた方が効率的であるという考え方が支配的である。国民の間に広がる国家や「官」への不信を「市場原理への賞賛」に向かわせるという、マスコミを通じた国民教化の国家戦略がうかがえる。だが、この「市場原理」の本質は、非市場的という見方もできるのだ。つまり、独占的な大企業や金融資本と国家との結びつきは強固なものであるし、国民から吸い上げた税で膨大な軍事支出を行い、それを背景に経済取引のルールを支配し、世界市場での優位を保つという戦略がかいま見えるからだ。グローバル化した世界経済の中で日本企業が生き残るためには、企業や富裕層の税金を安くするといった市場原理は、最近の世界経済の動き、格差が広がった国内経済の現実の中で破産し、進むべき道が見いだせない閉塞状況にある。

それに代わるべき「居住福祉資源」を基軸にした政策原理と政治戦略を構築していく必要がある。居住福祉資源の担い手は市民が主体ではあるが、役所が担い手になることもありうる。その配分や連携をどのように構築していくべきかが肝心である。

社会的使命を果たすNPO

例えば、公共サービスを民間に任せることに積極的に取り組んできた福嶋浩彦・前我孫子市長（東洋大学客員教授）は、「公共サービスをすべて市場原理に任せてしまうという意味ではないし、ましてや公共自体を小さくしてしまって良いということではない。少子高齢社会、地球環境、格差（貧困）問題、どれを考えても、公共の果たす役割はますます大きくなる」とし、「公共を担う多様な民の主体を地域に育て、限りなく豊かにすることによって公共をより充実させる」ことで「大きな公共」と「小さな（地方）政府」を実現させる「新しい公共論[3]」を展開する。市長在任中の二〇〇六年四月、「提案型公共サービス民営化制度」をスタートさせた。民間側から「この仕事は市役所がやるよりも、自分がやった方がずっとうまくやれる」という提案を募るものだ。七九件の提案に対し、市長在任中（〇七年一月まで）に三四件の採用を決めたが、「ゴミ処理を行うクリーンセンターの運営をPFI方式などで一括して行うという提案は採用されたものの、「具体化するにはまだ多くの課題を検討しなければならず、実行までには時間がかかる」（福嶋）とするなど、提案者が企業の場合には慎重にならざるを得なかったと言う。事業者の決定も、提案者＝事業者とはすんなりいかない。総合評価方式やプロポーザルで事業者を決めても提案企業が選ばれる保証はなく、提案企業のノウハウや独自の工夫が生かされないこともありうるし、首長や議会が公正な審査を支えるかどうかわからないからである。

筆者はむしろ、「新しい公共」の役割は、「官」の代替ではなく、市場経済に任せきりにして解決されない問題に、新しい「了解関係」の構築を含め、「市民としてどう取り組むのか」に置かれるべきであると考える。「国富論」を著したアダム・スミス以来の、企業は「利己心に基づいて利潤の最大化」を目指す主体であり、そうした行動が「見えざる手」によって社会全体を豊かにするとしてきた。その市場原理が失速した今、新しい主体として期待されるのが、社会的使命（ミッション）を持って行動する非営利組織（ＮＰＯ）である。神野直彦・東京大学大学院教授は、二一世紀への世紀転換期に始まる時代を「市場原理にもとづく経済システムが拡大するのではなく協力原理にもとづく社会システムが拡大する時代だ」[4]と述べ、スウェーデンを例にＮＰＯの役割の拡大を唱えている。

企業市民の行動への期待

同時に企業行動の変化も必要である。奈良市で創業約三〇〇年一三代目という三〇歳代の若手中小企業経営者の話を聞く機会があった。彼は、「売れるものを作れという一二代目の父親の経営方針に違和感を持ち、「本当の意味でのブランドを確立したい」[5]と言う。消費者の共感と信用を得ること、つまり企業イメージを重要する考えだ。「偽装」「欠陥商品」などを出さないことに加え、地域社会に貢献する「企業市民」としての行動をすることが、企業が安定して存続するための条件になりつつある。

居住福祉資源は、社会的な意義を重視する市民による非営利的な事業によって生み出される。それは、採算（つまり儲かること）をベースに事業の開始を判断する市場システムと異なり、その構成員である市民が賃金や所得といったことを目指さないため、少ない資源や資金で、採算ベースでは無理な、新しい経済分野を切り開き、これまでと違う新しい経済循環を生む効果があることである。この「居住福祉資源」を具体的に構築するには、中央政府や自治体、あるいは企業市民化した企業が資金面や制度面で支援することも必要になる。

3　消費者行動と投資の転換を

高齢者を中心にためこまれた金融資産や「不払い労働力（賃金を支払う必要のない貢献活動）」を、このような社会的投資や活動に向かわせることが、「居住福祉資源」の蓄積・形成に結びつく。そのためには、まず老後を安心して暮らせる年金や医療などの社会保障を充実させ、「蓄えがないと老後が不安」という市民の心理を払拭しなければならない。

政府は、こうした循環を作り出すための金融、税制、法人制度に大きな転換を図る必要がある。

それは、寄付税制、公益信託、NPOへの投融資、相続税制などを使いやすく有利にすることであり、現在、自治体などが実施している市民公募債を民間の社会事業にも適用されるような制度の創設も求められる。多元的なミッションで活動するNPOの群生が組み合わさる「新結合」[6]が経済循環の新しい機軸になる。

「社会投資」のシクミを構築せよ

それには消費者行動の転換が伴う。消費者が商品の環境への負荷を計る「ライフ・サイクル・アセスメント（LCA）」や地域社会の持続可能な発展と結びつくような公益的機能の高い商品を選択する。それを世界の消費者と連携して促すようになれば説得力を増すことになる。そうなれば、企業行動も変化せざるを得ない。一方、金融資産の選択など「投資」の面でも、消費者の行動は重要である。現状は、公益的と思われる企業やNPO、自治体などの事業に「投資」する方法は、自治体が特定の事業資金を集めるために発行する市民公募債や、公益信託などごく限られたものしかない。

だが、欧米諸国ではさまざまな試みが進んでいる。日本でも今後、消費者が公益的な事業への投資を優先的に選択できる金融商品の研究開発も進められている[7]。「消費者の鋭い目」は、言論の自由や結社の自由、政府や企業の情報公開が制度的に進んだ先進国の消費者の得意技であり、そうした動きが産業構造や資源配分の転換を促し、生産の新機軸を生み出し、新たなる経済発展をもたらすイノベーションにつながるという予測も可能である。金融資本市場に向かう資金の流れを、地域社会の向上を目指す「社会投資」に転換していくシクミが必要である。古来、財をなした資産家が「成功の成果を地域社会に還元し、恩返しをしたい」と、その財力を地域社会への社会投資に振り向けてきた例は多く、そうした美風を復活させることも必要だ。

経済評論家の内橋克人は、企業が「社会の公器」となることを訴え、「FEC自給圏」の形成を提唱している。Fとは（foods、食糧）、Eはエネルギー、Cはケア（広い意味での人間関係）のことであり、「官ではなく民、それも民間資本ではなく本来の『民』である『市民』が、連帯・参加・協同でもって社会を動かしている」、そんな「共生セクター」を創り出すことを訴えている[8]。

4　アーバン・エクソダス——歴史の大転換

小さな地域社会の変化が時代の大転換につながる。そのような例としては、一五世紀のイギリス社会の構造的な変化がある。それは、封建社会から資本主義社会に移行する前段階にあたる。西洋経済史学者の大塚久雄は「国民的な規模で経済的衰退ないし大不況の様相を呈しながら、その背後では社会関係（正確にいえば生産手段の社会的配分関係）における次のような根本的変動が進行しつつあった」[9]と述べる。この時代、遠隔地との取引で財を得ていた大商人や金融業者が衰退し、ギルド的な規制が強い中世都市から逃れてきた職人層による農村工業が、農奴から独立自営農民へと社会的地位を向上させてきた農民層を顧客にして発展し、その内部の小生産者同士の商品交換の関係を持つという「局地的市場圏」の形成こそが産業資本を生み出し、歴史上の資本主義の形成の発端を画しているということである。資本主義は、中世に活発に遠隔地との取引をしてきた特権的大商人が主導して拡大発展したわけではない。むしろ、「経済圏としての自給自足の傾向」[10]を示し、特権的大商人が衰退し、小商品生産者が繁栄するという主役の交代があったことが新しい発展につながったのである。それは、「都市ギルドの煩瑣な規制や過重な負担をのがれて、手工業人口が都市から流れでた」というアーバン・エクソダスという現象が伴う[11]。それは「特権都市を破滅、衰退の危機」に陥れたのである。

巨大なものが強いわけではない

むろん、一五世紀のイギリスは封建社会から資本主義への移行期であり、今日は、社会矛盾を生み出している「資本主義」をどう転換するのかという時期であるが、巨大で勢力のあるものが必ずしも強いわけではないという示唆や、旧い殻を脱ぎ捨てて新しい時代を創造する展望や構想を我々に与えてくれる。近畿地方では、多くの芸術家や工人が新しい文化を求めて、山間部に移り住む現象が起きている。それは「所有関係」でがんじがらめにされた都市からの脱出であり、アーバン・エクソダスの前触れなのだろうか？

政治の枠組み自体を大きく変える必要があるかもしれない。保守勢力は、大都市一極集中がもたらした高度成長の成果を公共事業中心の補助金を地方にばらまき、建設業者などの支持基盤を保っていた。ばらまきが財政逼迫から不可能になるとともに自民党の凋落が始まり、地方経済も疲弊の一途になった。一方、革新勢力は労働組合を中心に、都市を中心とした企業内の「資本・賃労働関係」にのみに注目し、地域社会づくりへの視点を欠き、農村社会の担い手たちとの連携を怠っていた。このように行き詰まった政治の新しい課題は、「居住福祉資源」をベースに、「真の市民参加」による地域社会をつくるという規範意識を持った市民をどう育てるかである。

注

1　内務省地方局有志『田園都市と日本人』（講談社学術文庫、一九八〇年）。
2　同上、七頁。
3　福嶋浩彦「市民の公共をつくる」（『地域開発』二〇〇八年一〇月号特集「公民連携の最前線」）、七頁。
4　神野直彦『人間回復の経済学』（岩波新書、二〇〇二年五月）、一四二頁。

5 中川淳（中川政七商店一三代）『奈良の小さな会社が表参道ヒルズに店を出すまでの道のり。』（日経ＢＰ社、二〇〇八年）。
6 伊東光晴・根井雅弘著『シュンペーター』（岩波新書、一九九三年）、一一四頁。
7 「ＮＰＯまちぽっと」（東京）が主催する「非営利金融・アセット研究会」が二〇〇七年五月から研究を進め、「社会的事業へ資金供給を行うための、日本版ＣＤＣ／ＣＤＦＩモデル」を中間発表している。ＣＤＣとは「コミュニティ開発法人」、ＣＤＦＩは「コミュニティ開発金融機関」、ＣＩＴＲ（コミュニティ投資減税）などの減税制度も提案している。
8 内橋克人『共生経済が始まる』（朝日新聞出版、二〇〇九年）、四八頁。
9 大塚久雄編『西洋経済史』（一九六八年、筑摩書房）、第一章「近代化の歴史的起点」一二一頁。
10 同、一五頁。
11 同、一二一頁、八八頁、八九頁。

「居住福祉ブックレット」刊行予定

☆既刊、以下続刊（刊行順不同、書名は仮題を含む）

☆01	居住福祉資源発見の旅	早川　和男（神戸大学名誉教授）
☆02	どこへ行く住宅政策	本間　義人（法政大学教授）
☆03	漢字の語源にみる居住福祉の思想	李　　桓（長崎総合科学大学准教授）
☆04	日本の居住政策と障害をもつ人	大本　圭野（東京経済大学教授）
☆05	障害者・高齢者と麦の郷のこころ	伊藤静美・田中秀樹他（麦の郷）
☆06	地場工務店とともに	山本　里見（全国健康住宅サミット会長）
☆07	子どもの道くさ	水月　昭道（立命館大学研究員）
☆08	居住福祉法学の構想	吉田　邦彦（北海道大学教授）
☆09	奈《な》良《ら》町《まち》の暮らしと福祉	黒田　睦子（㈳奈良まちづくりセンター副理事長）
☆10	精神科医がめざす近隣力再生	中澤　正夫（精神科医）
☆11	住むことは生きること	片山　善博（前鳥取県知事）
☆12	最下流ホームレス村から日本を見れば	ありむら潜（釜ヶ崎のまち再生フォーラム）
☆13	世界の借家人運動	髙島　一夫（日本借地借家人連合）
☆14	「居住福祉学」の理論的構築	柳中権・張秀萍（大連理工大学教授）
☆15	居住福祉資源発見の旅Ⅱ	早川　和男（神戸大学名誉教授）
☆16	居住福祉の世界：早川和男対談集	早川　和男（神戸大学名誉教授）
☆17	医療・福祉の沢内と地域演劇の湯田	高橋　典成（ワークステーション湯田・沢内） 金持　伸子（日本福祉大学名誉教授）
☆18	「居住福祉資源」の経済学	神野　武美（新聞記者）
19	高齢社会の住まいづくり・まちづくり	蔵田　　力（地域にねざす設計舎）
20	シックハウスへの挑戦	後藤三郎・迎田允武（健康住宅居住推進協会）
21	ウトロで居住の権利を闘う	斎藤正樹＋ウトロ住民
22	居住の権利―世界人権規約の視点から	熊野　勝之（弁護士）
23	農山漁村の居住福祉資源	上村　　一（社会教育家・建築家）
24	スウェーデンのシックハウス対策	早川　潤一（中部学院大学准教授）
25	中山間地域と高齢者の住まい	金山　隆一（地域計画総合研究所長）
26	包括医療の時代―役割と実践例	坂本　敦司（自治医科大学教授）他
27	健康と住居	入江　建久（新潟医療福祉大学教授）
28	地域から発信する居住福祉	野口　定久（日本福祉大学教授）

（ここに掲げたのは刊行予定の一部です）

著者紹介

神野　武美（じんの　たけよし）

1952年9月　横浜市生まれ。

東京大学経済学部卒。

1976年1月　朝日新聞社入社。

『週刊朝日』、『朝日ジャーナル』、大阪本社社会部記者などを経て、現在、吉野支局長。

主要著書

『情報公開―国と自治体の現場から』（花伝社、1996年）、『それゆけ！　情報公開』（共著、せせらぎ出版、1992年）。

（居住福祉ブックレット18）

「居住福祉資源」の経済学

2009年10月25日　　初　版第1刷発行　　〔検印省略〕

定価は裏表紙に表示してあります。

著者Ⓒ神野武美　装幀 桂川潤　発行者 下田勝司　　印刷・製本 中央精版印刷

東京都文京区向丘1-20-6　郵便振替00110-6-37828

〒113-0023　TEL (03)3818-5521　FAX (03)3818-5514

発行所　株式会社 東信堂

Published by TOSHINDO PUBLISHING CO., LTD.

1-20-6, Mukougaoka, Bunkyo-ku, Tokyo, 113-0023, Japan

E-mail : tk203444@fsinet.or.jp　http://www.toshindo-pub.com

ISBN978-4-88713-939-8 C3336 Ⓒ T. JINNO

「居住福祉ブックレット」刊行に際して

安全で安心できる居住は、人間生存の基盤であり、健康や福祉や社会の基礎であり、基本的人権であるという趣旨の「居住福祉」に関わる様々のテーマと視点―理論、思想、実践、ノウハウ、その他から、レベルは高度に保ちながら、多面的、具体的にやさしく述べ、研究者、市民、学生、行政官、実務家等に供するものです。高校生や市民の学習活動にも使われることを期待しています。単なる専門知識の開陳や研究成果の発表や実践報告、紹介等でなく、それらを前提にしながら、上記趣旨に関して、今一番社会に向かって言わねばならないことを本ブックレットに凝集していく予定です。

2006年3月

日本居住福祉学会
株式会社　東信堂

「居住福祉ブックレット」編集委員

委員長　早川　和男　（神戸大学名誉教授、居住福祉学）
委　員　阿部　浩己　（神奈川大学教授、国際人権法）
井上　英夫　（金沢大学教授、社会保障法）
石川　愛一郎（地域福祉研究者）
入江　建久　（新潟医療福祉大学教授、建築衛生）
大本　圭野　（東京経済大学教授、社会保障）
岡本　祥浩　（中京大学教授、居住福祉政策）
金持　伸子　（日本福祉大学名誉教授、生活構造論）
坂本　敦司　（自治医科大学教授、法医学・地域医療政策）
武川　正吾　（東京大学教授、社会政策）
中澤　正夫　（精神科医、精神医学）
野口　定久　（日本福祉大学教授、地域福祉）
本間　義人　（法政大学名誉教授、住宅・都市政策）
吉田　邦彦　（北海道大学教授、民法）

日本居住福祉学会のご案内

〔趣　旨〕

人はすべてこの地球上で生きています。安心できる「居住」は生存・生活・福祉の基礎であり、基本的人権です。私たちの住む住居、居住地、地域、都市、農山漁村、国土などの居住環境そのものが、人々の安全で安心して生き、暮らす基盤に他なりません。

本学会は、「健康・福祉・文化環境」として子孫に受け継がれていく「居住福祉社会」の実現に必要な諸条件を、研究者、専門家、市民、行政等がともに調査研究し、これに資することを目的とします。

〔活動方針〕

(1) 居住の現実から「住むこと」の意義を調査研究します。

(2) 社会における様々な居住をめぐる問題の実態や「居住の権利」「居住福祉」実現に努力する地域を現地に訪ね、住民との交流を通じて、人権、生活、福祉、健康、発達、文化、社会環境等としての居住の条件とそれを可能にする居住福祉政策、まちづくりの実践等について調査研究します。

(3) 国際的な居住福祉に関わる制度、政策、国民的取り組み等を調査研究し、連携します。

(4) 居住福祉にかかわる諸課題の解決に向け、調査研究の成果を行政改革や政策形成に反映させるように努めます。

学会事務局・入会申込先

〒466-8666　名古屋市昭和区八事本町101-2
中京大学　総合政策学部
岡本研究室気付
TEL　052-835-7652
FAX　052-835-7197
E-mail　yokamoto@mecl.chukyo-u.ac.jp

東信堂

イギリスにおける住居管理―オクタヴィア・ヒルからサッチャーへ	中島明子	七四五三円
人は住むためにいかに闘ってきたか―（新装版）欧米住宅物語	早川和男	二〇〇〇円

（居住福祉ブックレット）

居住福祉資源発見の旅：新しい福祉空間、懐かしい癒しの場	早川和男	七〇〇円
どこへ行く住宅政策：進む市場化、なくなる居住のセーフティネット	本間義人	七〇〇円
漢字の語源にみる居住福祉の思想	李桓	七〇〇円
日本の居住政策と障害をもつ人	大本圭野	七〇〇円
障害者・高齢者と麦の郷のこころ：住民、そして地域とともに	伊藤静美・田中秀樹・加藤直人	七〇〇円
地場工務店とともに：健康住宅普及への途	山本里見	七〇〇円
子どもの道くさ	水月昭道	七〇〇円
居住福祉法学の構想	吉田邦彦	七〇〇円
奈良町の暮らしと福祉：市民主体のまちづくり	黒田睦子	七〇〇円
精神科医がめざす近隣力再建：進む「子育て」砂漠化、はびこる「付き合い拒否」症候群	中澤正夫	七〇〇円
住むことは生きること：鳥取県西部地震と住宅再建支援	片山善博	七〇〇円
最下流ホームレス村から日本を見れば	ありむら潜	七〇〇円
世界の借家人運動：あなたは住まいのセーフティネットを信じられますか？	髙島一夫	七〇〇円
「居住福祉学」の理論的構築	柳中権・張秀萍	七〇〇円
居住福祉資源発見の旅Ⅱ：地域の福祉力・教育力・防災力	早川和男	七〇〇円
居住福祉の世界：早川和男対談集	早川和男	七〇〇円
医療・福祉の沢内と地域演劇の湯田：岩手県西和賀町のまちづくり	高橋典成・金持伸子	七〇〇円
「居住福祉資源」の経済学	神野武美	七〇〇円

〒113-0023　東京都文京区向丘1-20-6　TEL 03-3818-5521　FAX03-3818-5514　振替 00110-6-37828
Email tk203444@fsinet.or.jp　URL:http://www.toshindo-pub.com/

※定価：表示価格（本体）＋税